Schieder · Religion und Revolution

*Innere Ansicht des Doms zu Trier während der Ausstellung des Hl. Rockes vom Jahre 1844. Aquatinta von Johann Jakob Tanner, 1845.
Aus: Jakob Marx, Die Ausstellung des Hl. Rockes in der Domkirche zu Trier im Herbste des Jahres 1844, Trier 1845.*

Wolfgang Schieder

Religion und Revolution

Die Trierer Wallfahrt von 1844

SH-Verlag

Abbildungen auf dem Umschlag:
Holzschnitte von einem unbekannten Künstler, 1849.
Aus: Musenklänge aus Deutschlands Leierkasten, Leipzig [1849], S. 86–88

ISBN 3-89498-026-5

© 1996 by SH-Verlag GmbH, D-17509 Vierow bei Greifswald
Satz aus der Adobe Garamond: SH-Verlag
Druck: Richarz Publikations-Service, St. Augustin · Printed in Germany
Alle Rechte vorbehalten

Inhalt

Vorwort 7

Religion und Revolution. Die Trierer Wallfahrt von 1844 9
I. Die Wallfahrt als soziale Bewegung 11
II. Die Wallfahrt als kirchliche Demonstration 28
III. Die Wallfahrt als religiöse Gruppenerfahrung 53

Anhang 67
I. Zeitgenössische Texte zur Wallfahrt von 1844 69
   1. Johannes Ronge: Urteil eines katholischen Priesters über den heiligen Rock zu Trier 70
   2. Peter Alois Licht: Die Ausstellung des heiligen Rockes zu Trier in ihren physischen und moralischen Folgen 76
   3. Jakob Marx: Die Ausstellung des h. Rockes in der Domkirche zu Trier im Herbste des Jahres 1844 80
   4. Joseph v. Görres: Die Wallfahrt nach Trier 87
   5. Rudolf Löwenstein: Freifrau von Droste-Vischering 92
   6. Johann Wilhelm Schreiber: Gesang vom heiligen Rock bei der Prozession vom Jahre 1810 94
II. Tabellen 97
III. Literaturverzeichnis 101

Vorwort

Die christlichen Konfessionskirchen machten im Laufe des 19. Jahrhunderts in Deutschland einen tiefgreifenden Strukturwandel durch. Das gilt in besonderem Maße für die römisch-katholische Kirche. Sie geriet mit eben dem modernen Staat in einen Dauerkonflikt, der ihre Existenz institutionell überhaupt erst garantierte. Kaum ein Ereignis läßt die daraus resultierende Problematik des gesellschaftspolitischen Verhaltens der katholischen Kirchenführung in Deutschland besser erkennen als die Wallfahrt zum sogenannten *Heiligen Rock* von Trier im Jahre 1844. Ich habe darauf erstmals in einem Aufsatz hingewiesen, der 1974 in der Zeitschrift „Archiv für Sozialgeschichte" erschienen ist. Er wird hier in einer stark überarbeiteten Fassung als selbständige Veröffentlichung vorgelegt. Im Anhang dazu werden einige wichtige Texte beigefügt, die in dem nationalen Wallfahrtsstreit von 1844 eine besondere Rolle gespielt haben.

Désirée Schauz und Nicola Wenge habe ich für ihre zuverlässige, nicht nur technische Mithilfe bei der Herstellung des Manuskriptes zu danken.

Köln, im August 1995   Wolfgang Schieder

Religion und Revolution
Die Trierer Wallfahrt von 1844

„...
Es waren stets Weltereignisse,
die die Ausstellung
des heiligen Rockes anregten."

Felix Korum,
Katholischer Bischof von Trier,
am 1. 9. 1887.

Wallfahrt zum Hl. Rock. Gemälde von August Gustav Lasinsky, 1844. Städtisches Museum Simeonsstift, Trier.

I. Die Wallfahrt als soziale Bewegung

Wie bei den meisten Weltreligionen gehörte die Verehrung von 'Reliquien' auch in der christlichen Kirche schon früh zum Repertoire religiöser Kultpraxis.[1] Aus der Anziehungskraft, die besonders, aber keineswegs nur solche bevorzugten Kultstätten der Reliquienverehrung wie Jerusalem, Rom oder Santiago de Compostela ausübten, entwickelte sich im späten Mittelalter das europäische Wallfahrtswesen. Nach der Ausdifferenzierung des Christentums in mehrere Parallelkirchen blieben Wallfahrten für die römisch-katholische Kirche in der frühen Neuzeit ein Instrument konfessioneller Identitätsvermittlung. Als solche haben sie sich bis zum heutigen Tage erhalten. Das wird häufig als Beweis dafür angesehen, daß Wallfahrten zeitlose Ausdrucksformen elementarer Volksreligiosität seien.[2] Für den Historiker stellt sich jedoch die Frage, ob sie nicht jeweils eine sehr zeitgebundene sozialgeschichtliche Dimension haben, die man verkennt, wenn man sie nur als immer gleichbleibende fromme Veranstaltungen ansieht. Das gilt in besonderem Maße für eine Wallfahrt, die in Deutschland ein öffentliches Aufsehen erregt hat wie keine zuvor: die Wallfahrt zum sogenannten *Heiligen Rock* von Trier im Jahre 1844.[3] Ganz unbestreitbar hatte gerade diese Wallfahrt neben der religionsge-

---

[1] Vgl. dazu jetzt die sehr anregende Darstellung von Arnold Angenendt, Heilige und Reliquien. Die Geschichte ihres Kultes vom frühen Christentum bis zur Gegenwart, München 1994.

[2] So z. B. Georg Schreiber (Hg.), Wallfahrt und Volkstum in Geschichte und Leben, Düsseldorf 1934, sowie neuerdings auch noch Klaus Guth, Die Wallfahrt – Ausdruck religiöser Volkskultur. Eine vergleichende phänomenologische Untersuchung, in: Ethnologia Europea 16 (1986), S. 59–81; Lenz Kriss-Rettenbeck / Gerda Müller (Hg.), Wallfahrt kennt keine Grenzen. Themen zu einer Ausstellung des Bayerischen Nationalmuseums und des Adalbert Stifter Vereins München, München/Zürich 1984.

[3] Mein sozialgeschichtlicher Zugriff auf die Trierer Wallfahrt von 1844 (vgl. Wolfgang Schieder, Kirche und Revolution. Sozialgeschichtliche Aspekte der Trierer Wallfahrt von 1844, in: Archiv für Sozialgeschichte 14 (1974), S. 419–454) ist gelegentlich auf Unverständnis gestoßen. Vgl. z. B. Eduard Lichter, Die Wallfahrt der Maria Fröhlich aus Neuwied zum hl. Rock in Trier im Jahre 1844, in: Kurtrierisches Jahrbuch 18 (1978), S. 86–104; Margaret Lavinia Ander-

schichtlichen vor allem eine gesellschaftsgeschichtliche Bedeutung. Sie kann daher bevorzugt ein Gegenstand sozialgeschichtlicher Forschung sein. Die sozialgeschichtliche Analyse soll andere, vor allem theologische und kirchengeschichtliche Interpretationen der religiösen Bewegung des Jahres 1844 nicht ausschließen. Wohl aber ist zu betonen, daß man die damalige Trierer Wallfahrt, wie wohl alle Wallfahrten zum *Heiligen Rock* von Trier, historisch nicht verstehen kann, wenn man die sozialgeschichtliche Dimension für sekundär hält oder gar ganz ausblendet.

Versteht man die Trierer Wallfahrt in diesem Sinne, ergeben sich drei Fragen. Zum ersten muß danach gefragt werden, in welcher Hinsicht die religiöse Wallfahrtsbewegung als soziale Bewegung angesehen werden kann. Handelte es sich um eine religiöse Volksbewegung, von der die gesamte katholische Bevölkerung des Rheinlandes gleichermaßen erfaßt wurde, oder lassen sich darin bestimmte schichtenspezifische Merkmale erkennen? Zweitens ist danach zu fragen, aus welchem Anlaß die Wallfahrt von 1844 entstanden ist und wie sie in die historische Tradition der Trierer-Rock-Wallfahrten einzuordnen ist. Wodurch wurden die Pilgerscharen auf den Weg gebracht? Handelte es sich um eine eher spontane Bewegung, die sich von selbst entwickelte, oder

---

son, Piety and Politics: Recent Work in German Catholicism, in: Journal of Modern History 63 (1991), S. 681–716. Besonders heftig polemisiert Rudolf Lill, Kirche und Revolution. Zu den Anfängen der katholischen Bewegung im Jahrzehnt vor 1848, in: Archiv für Sozialgeschichte 18 (1978), S. 565–575, dagegen, obwohl er immerhin anerkennt, daß mein „sozialgeschichtlicher Ansatz" es verdiene, „weiterverfolgt zu werden" (ebda., S. 574). Das geht, abgesehen von der Korrektur einiger kleiner Versehen, die mir bedauerlicherweise unterlaufen sind, freilich schon deshalb ins Leere, weil Lill völlig verkennt, daß mich nicht die Entstehung der 'katholischen Bewegung', sondern der Zusammenhang von religiöser und sozialer Bewegung interessiert. In der sozialhistorischen Forschung ist gerade dies sonst auch anerkannt worden. Vgl. z. B. Jonathan Sperber, Popular Catholicism in Nineteenth-Century Germany, Princeton 1984, S. 70 f.; Thomas Parent, „Der heilige Rock und die Lästerer desselben", zur Trierer Wallfahrt, in: 1844. Ein Jahr in seiner Zeit, Münster 1985, S. 83–92; Hans-Ulrich Wehler, Deutsche Gesellschaftsgeschichte, 2. Bd.: 1815–1845/49, München 1987, S. 469–477; Werner Freitag, Volks- und Elitenfrömmigkeit in der Frühen Neuzeit. Marienwallfahrten im Fürstbistum Münster, Paderborn 1991, S. 14–16; Richard van Dülmen, Religionsgeschichte in der historischen Sozialforschung, in: Geschichte und Gesellschaft 6 (1980), S. 36–59; Michael Embach, Die literarische Verarbeitung der Trierer Heilig-Rock-Wallfahrt von 1844, in: Zwischen Andacht und Andenken. Kleinodien religiöser Kunst und Wallfahrtsandenken aus Trierer Sammlungen. Ein Katalog zur Gemeinschaftsausstellung des Bischöflichen Dom- und Diözesanmuseums Trier und des Städtischen Museums Simeonsstift Trier vom 16. Oktober 1992 bis 17. Januar 1993, Trier 1992, S. 137–152. Auch Andreas Holzem, Kirchenreform und Sektenstiftung. Deutschkatholiken, Reformkatholiken und Ultramontane am Oberrhein (1844–1866), Paderborn/München/Wien/Zürich 1994, S. 15, bestätigt mir, daß meine „sozialgeschichtliche Phänomenologie der Wallfahrt von 1844 ... als solche wertvoll und unstrittig" sei, glaubt allerdings, ohne das jedoch näher verständlich zu machen, gleichzeitig an einem anderen, wohl theologischen „Interpretationsrahmen" festhalten zu können.

wurde die Wallfahrt von oben, d. h. durch die Trierer Kirchenführung organisiert? Und wenn es sich um eine Form organisierter Massenreligiosität handelte,[4] welches waren dann die kirchenpolitischen Hintergründe und das eigentliche Ziel der Wallfahrtsbewegung? War die Wallfahrt nach Trier ein Instrument religiöser Erneuerung oder war sie in erster Linie eine planvolle Demonstration politischer Machtentfaltung? Drittens schließlich ist nach dem Erfahrungshorizont der Wallfahrer zu fragen. Entsprach ihre religiöse Mentalitätsstruktur den Erwartungen der Wallfahrtsstrategen? Hatte der Versuch einer kollektiven Mentalitätssteuerung Erfolg oder wurde das Wallfahrtsprogramm von der Masse der Pilger anders rezipiert als eigentlich beabsichtigt?

Es ist die These dieser Untersuchung, daß die Trierer Wallfahrt von 1844 planmäßig von oben gesteuert wurde und daß der Versuch der Trierer Kirchenführung, durch religiöse Mobilisierung breite Schichten der katholischen Bevölkerung von dem Einfluß revolutionärer Ideen fernzuhalten, weitgehend gelungen ist. Die Trierer Wallfahrt von 1844 hatte insofern eine deutliche Signalwirkung für die deutsche Revolution von 1848/49. Es handelte sich um eine religiöse Bewegung, die in gegenrevolutionärer Absicht in Gang gebracht worden ist.

Anlaß der Wallfahrt von 1844 war die öffentliche Ausstellung einer sonst verschlossen gehaltenen Reliquie, die vermeintlich das Kleidungsstück darstellt, das der historische Jesus bei seinem Tode getragen hat.[5] Das Trierer

---

[4] Michael N. Ebertz, Die Organisierung von Massenreligiosität. Soziologische Aspekte der Frömmigkeitsforschung, in: Jahrbuch für Volkskunde N.F. 2 (1979), S. 38–72. Vgl. auch ders., „Ein Haus voll Glorie schauet...". Modernisierungsprozesse der römisch-katholischen Kirche im 19. Jahrhundert, in: Wolfgang Schieder (Hg.), Religion und Gesellschaft im 19. Jahrhundert, Stuttgart 1993, S. 62–85.

[5] Die Frage nach der materiellen Echtheit der Reliquie wird hier nicht gestellt. Was die historische Tradition der literarischen Überlieferung anbetrifft, so haben dazu im Grund schon 1844 der Orientalist Gildemeister und der junge Heinrich von Sybel die entscheidenden wissenschaftlichen Einwände formuliert. Vgl. J(ohann) Gildemeister / H(einrich) von Sybel, Der Heilige Rock zu Trier und die zwanzig andern Heiligen ungenähten Röcke. Eine historische Untersuchung, Düsseldorf 1844. Die Reliquie selbst wurde zum ersten Mal von dem Trierer Domherrn Wilmowsky untersucht, mit weitgehend negativem Ergebnis. Vgl. J(ohann) N(ikolaus) von Wilmowsky, Die historisch denkwürdigen Grabstätten der Erzbischöfe im Dome zu Trier und die archäologisch-liturgisch und kunstgeschichtlich bemerkenswerten Fundgegenstände in denselben. Nebst der archäologischen Prüfung des zur Verhüllung der Reliquie verwendeten prachtreichen Gewandes daselbst, und dem Berichte über die Sandalen des Erlösers in der Salvatorkirche zu Prüm, Trier 1876. Wilmowskys Buch, das nach Angabe von Stephan Beissel, Geschichte der Trierer Kirchen, ihrer Reliquien und Kunstschätze, Bd. 2, 2. Aufl., Trier 1889, S. 317 f., innerhalb der Kirche Unwillen erregte, veranlaßte die

Ereignis, die Züge der Wallfahrer und die Vorgänge in der Stadt selbst sind von den zeitgenössischen Wallfahrtsanhängern oft beschrieben worden,[6] am eindrucksvollsten vom alten Joseph von Görres in seiner Schrift „Die Wallfahrt nach Trier", die freilich ein Produkt der „Wissenschaftspoesie der Romantik",[7] nicht unmittelbarer Zeugenschaft war. Ungeachtet der kontroversen Beurteilung dieses Ereignisses zeigten sich die zeitgenössischen Beobachter in übereinstimmender Weise beeindruckt von der großen Zahl der Pilger. Vor allem anderen sprang ins Auge, daß es sich bei der Trierer Wallfahrt um ein Massenphänomen handelte.[8] Da Massenbewegungen unter den Bedingungen

---

Trierer Kirchenführung zu einer internen Materialprüfung an der Reliquie, mit angeblich positivem Ergebnis. Vgl. Der heilige Rock zu Trier, eine archäologische Untersuchung, Trier 1891 und ferner Stephan Beissel, Nachtrag: Ergebnisse der Untersuchung, Trier 1890. Unter modernen archäologischen Gesichtspunkten kann wohl weder die Untersuchung von Wilmowsky noch die von 1890 als wissenschaftlich zuverlässig gelten. – 1933 begnügte man sich mit einer rein technischen Überprüfung des Erhaltungszustandes. Vgl. Karl Kammer, Der Hl. Rock in Trier, Trier 1933, S. 103 f. 1959 schließlich verzichtete man offenbar auf eine weitere archäologische Prüfung, da man nunmehr das neu im Dom aufgefundene spätantike Helena-Fresko auch als Echtheitserweis für den *Heiligen Rock* glaubte heranziehen zu können. Vgl. z. B. Theodor Konrad Kempf, Legende, Überlieferung, Forschung. Untersuchungen über den Trierer Hl. Rock, Trier 1959. Kritische katholische Theologen bezeichnen jedoch die Trierer Rockreliquie als unecht. Vgl. Erwin Iserloh, Der Heilige Rock zu Trier, in: Mitteilungen des Augsburger Kreises für Christliche Verständigung, Juli 1959, S. 1–4. In ähnlichem Sinne durchaus auch Joseph Lortz, Geschichte der Kirche in ideengeschichtlicher Betrachtung, Bd. 2, Münster 1965, S. 383, der, bei aller grundsätzlichen Bejahung der Volksfrömmigkeit, von der „so problematischen Wallfahrt zum 'Heiligen Rock' in Trier in ihrer bis jetzt letzten Gestaltung 1959" spricht. Nach Franz Ronig, Der Heilige Rock vom Dom zu Trier. Eine kurze Zusammenfassung seiner Geschichte, seiner Bedeutung und der Wallfahrten, in: Zwischen Andacht und Andenken, S. 133, wurden 1973/74 auf Veranlassung des Bischofs und des Domkapitels verschiedene Inspektionen und Untersuchungen durch Mechthild Flury-Lemberg (Riggisberg) und Sigrid Müller-Christensen (München) durchgeführt. Gerne wüßte man, was bei diesen Materialuntersuchungen herausgekommen ist. Eine Veröffentlichung der Ergebnisse fand jedoch bis zum heutigen Tage nicht statt. Da die Echtheitsfrage für die Reliquienverehrung nach katholischer Glaubenslehre unerheblich ist, fragt man sich freilich, warum diese überhaupt noch als ein Problem angesehen wird.

[6] Vgl. z. B. Jakob Marx, Die Ausstellung des h. Rockes in der Domkirche zu Trier im Herbste des Jahres 1844, Trier 1845, S. 27 ff. (vgl. den Auszug aus diesem Text im Anhang, S. 80 ff.) sowie Katholische Sonntagsblätter 3 (1844), S. 316 ff.

[7] Wolfgang Frühwald, Die Wallfahrt nach Trier. Zur historischen Einordnung einer Streitschrift von Joseph Görres, in: Georg Droege / Wolfgang Frühwald / Ferdinand Pauly (Hg.), Verführung zur Geschichte. Festschrift zum 500. Jahrestag der Eröffnung einer Universität in Trier, 1473–1973, Trier 1973, S. 366–382. Ein Auszug der Schrift von Joseph Görres, Die Wallfahrt nach Trier, Regensburg 1845, findet sich im Anhang, S. 87 ff.

[8] Vgl. z. B. Triersche Zeitung, Nr. 236 (23. Aug. 1844): „Menschenmassen"; Peter Joseph Devora, Die Pilgerfahrt zum heiligen Rock im Jahre 1844, Koblenz (1845), S. 3 f.: „So eilen und drängen und schreiten Massen des Volks"; (Anton Delahaye), Statistische Uebersicht der wäh-

des vormärzlichen Polizeistaates in Deutschland keine alltägliche Erscheinung waren, erregte die Trierer Wallfahrt allein schon wegen ihrer hohen Teilnehmerzahl großes Aufsehen. Aus heutiger Sicht kann sie als größte organisierte Massenbewegung des deutschen Vormärz überhaupt angesehen werden.

1832 hatte das liberal-demokratische Bürgertum Südwestdeutschlands in Hambach und anderen Orten erstmals größere öffentliche Demonstrationen veranstaltet. Die Teilnehmer gingen in die Zehntausende. Die katholische Kirche mobilisierte 1844 im Rheinland nicht nur Zehntausende, sondern Hunderttausende von Menschen. Die Trierer Kirchenbehörden kamen bei einer detaillierten Vorausschätzung auf insgesamt 1 522 875 Pilger, wobei für die auswärtigen Diözesen sogar nur 8 850 angesetzt wurden.[9] Der Trierer Oberbürgermeister und Landrat rechnete im Mai 1844 damit, daß 300 000 Menschen nach Trier kommen würden.[10] Tatsächlich kamen nicht so viele wie die Kirchenführung hoffte, aber auch nicht so wenige wie die Repräsentanten des Staates annahmen.

Die Kirchenführung ließ das Ergebnis einer „Speziellen Nachweisung" verbreiten, nach der insgesamt 1 050 835 Pilger die ausgestellte Reliquie in der Trierer Domkirche gesehen hätten. Diese Zahl ergab sich aus den Zählungen des freiwilligen Ordnungsdienstes der Trierer Bürgerschaft, der sogenannten Ehrenwache, im Dom.[11] Der Wallfahrtschronist Jakob Marx hielt sie für die zuverlässigste.[12] Auch die „Triersche Zeitung" sprach am 8. Oktober 1844 von insgesamt 1 100 000 Dombesuchern. Aus diesen Trierer Quellen wurde die Millionenzahl in die zeitgenössische Literatur übernommen und bis in die

---

rend der Ausstellung des heil. Rockes im Herbste 1844 zu Trier gewesenen Fremden und Beschreibung der Feierlichkeiten, welche dabei stattgehabt, Trier 1844, S. 50: „solche ungeheure Masse von Pilgern"; Franz Alexander Teuscher, Ronge und der heilige Rock, Leipzig 1845, S. 8: „massenhafte Volksbewegung".

[9] Bistumsarchiv Trier, Abt. 91, Nr. 212: „Ordnung nach welcher die Pfarreien bei der Ausstellung des H. Rockes J. Christi zu Trier erscheinen sollen."

[10] Stadtarchiv Trier, Abt. 18, Nr. 292: Oberbürgermeister und Landrat Görtz an Reg. Präs. v. Auerswald, 20. Mai 1844.

[11] Bistumsarchiv Trier, Abt. 91, Nr. 222: „Spezielle Nachweisung der Anzahl der an den einzelnen Tagen der öffentlichen Ausstellung des heil. Rockes Jesu-Christi vom 18. August bis zum 6. Oktober 1844 zur Anschauung und Verehrung desselben zugelassenen Pilger, aufgestellt nach dem Dienstbuch der Ehrenwache bei dem hl. Rocke in der hohen Domkirche zu Trier." Die dieser Aufstellung zugrundeliegenden Wachbücher sind im Bistumsarchiv Trier, Abt. 91, Nr. 213–218 erhalten. Nach J. Marx, Ausstellung, S. 105, wurde die Liste von dem Vorsteher der Ehrenwache, einem Advokaten Sauer, angefertigt.

[12] J. Marx, Ausstellung, S. 106 f.

Gegenwart hinein weiter tradiert.[13] Sie ist jedoch bei weitem zu hoch gegriffen. Einmal waren die Domzählungen doch recht ungenau. An 19 von insgesamt 50 Tagen wurden im Dom gar keine Zählungen vorgenommen, sondern die Zahl der Dombesucher nur nachträglich geschätzt. Trotz aller Ordnungsmaßnahmen scheint im übrigen ein erheblicher Teil der Pilger mehrfach in den Dom gelangt zu sein.[14] Aufgrund der zeitgenössischen Statistiken von Jakob Marx, Anton Delahaye und Michael Bechtold kommt man so nur auf etwa die Hälfte der Pilgerzahl, die von den übereifrigen Zählern im Dom errechnet wurde. Die Zahlen von Marx und Delahaye verweisen auf rund 450 000 Pilger, die unvollständigen Angaben von Bechtold gehen tendenziell in die gleiche Richtung.[15] Sowohl Marx wie Delahaye schlagen mit unterschiedlichen Begründungen noch jeweils 100 000 nicht in kirchlichen bzw. polizeilichen Listen erfaßte Pilger dazu.[16] Selbst wenn man diese nicht nachprüfbaren Zuschläge für zu großzügig hält, dürfte eine geschätzte Gesamtzahl von etwa 500 000 Pilgern nicht zu hoch angesetzt sein.

Das ist immer noch eine außerordentlich bemerkenswerte Zahl, da zweierlei zu beachten ist: Einmal ist diese halbe Million Menschen in nur 50 Tagen (vom 18. August bis 6. Oktober 1844) nach Trier geströmt, zum anderen hatte die Stadt Trier nach der Zählung von Ende 1843 nur 24 554 Einwohner, von denen 7 798 auch noch in 16 zum Stadtkreis gehörenden, aber zum Teil ziemlich entfernt liegenden Vorstädten, Vororten und Dörfern wohnten.[17] Sieben Wochen lang kamen also pro Tag durchschnittlich etwa zehntausend Menschen in eine Stadt, deren baulicher Kern innerhalb der mittelalterlichen Stadtmauern nur 1 564 Einwohner beherbergte. Kein Wunder, daß

---

[13] Zeitgenössische Beispiele für die Millionenzahl z. B. bei Georg Joseph Goetz, Der Protestantismus in seiner tiefsten Erniedrigung, Regensburg 1844, S. 6; Der Heilige Rock und die Lästerer desselben, Luxemburg 1844, S. 5; Peter Neumann, Sendschreiben eines katholischen Priesters an Johannes Ronge, Mainz 1844, S. 3.

[14] J. Marx, Ausstellung, S. 107; Delahaye, Statistische Uebersicht, S. 30.

[15] Vgl. Tabelle 1 im Anhang, S. 99.

[16] J. Marx, Ausstellung, S. 103 f.; Delahaye, Statistische Uebersicht, S. 47 ff.

[17] Amtsblatt der Regierung Trier, 11. April 1844, S. 119; Georg Bärsch, Beschreibung des Regierungs-Bezirks Trier. Nach amtlichen Quellen bearbeitet und im Auftrage der Königl. Preuß. Regierung, Bd. 2, Trier 1846, S. 166, mit leicht abweichenden Zahlen und der Angabe der 16 Landgemeinden des Stadtkreises Trier.

Berichtigung zu
Schieder, Religion und Revolution
S. 16:

Die Zahl in der letzten Zeile
lautet richtig 15.064 (nicht 1564).

in zeitgenössischen Beschreibungen von einer „fast täglichen Übervölkerung" der Stadt die Rede ist.[18]

Es versteht sich von selbst, daß der überwiegende Teil der Wallfahrer aus dem Bistum Trier stammte, dessen kirchliche Verwaltungsgrenzen die beiden preußischen Regierungsbezirke Trier und Koblenz mit der Oldenburgischen Enklave Birkenfeld und dem Hessen-Homburgischen Oberamt Meisenheim links des Rheins umfaßte.[19] Wie Tabelle 2 (im Anhang, S. 100) zeigt, waren es über 350 000 der 450 000 registrierten Pilger. Geht man davon aus, daß die Regierungsbezirke Trier und der Regierungsbezirk Koblenz zusammen mindestens 663 182 katholische Einwohner hatten, so wäre – bei Vernachlässigung der geringen katholischen Bevölkerungsteile in Birkenfeld und Meisenheim – über die Hälfte der Katholiken in der Trierer Diözese dem Aufruf des Bischofs Arnoldi gefolgt. Darin sind allerdings Mehrfach-Pilger eingeschlossen. Diese sind vor allem in den an Trier unmittelbar angrenzenden Kreisen bzw. Dekanaten zu veranschlagen. Man vergleiche in der Tabelle die katholischen Einwohnerzahlen der Dekanate Bitburg, Ehrang und Hermeskeil, Merzig, Saarburg und Wittlich mit den jeweiligen Pilgerzahlen. Aus diesen Dekanaten müßten, wenn man nur von Einfach-Pilgern ausginge, zwischen 60% und 95% der katholischen Bevölkerung nach Trier gekommen sein. Da im wesentlichen nur die erwachsene Bevölkerung nach Trier zog, sind solche Prozentsätze aber auszuschließen, auch wenn man noch die gerade in diesen Kreisen verschwindend geringe nichtkatholische Bevölkerung hinzurechnete. Aus den weiter entfernt liegenden Dekanaten des Hunsrücks und der Eifel sind merklich weniger Pilger gekommen, und im Regierungsbezirk Koblenz waren es überhaupt nur noch in Mayen und in Cochem über 10 000.[20] Mit zunehmender Entfernung von Trier nimmt also die Häufigkeit der Pilgerfälle signifikant ab.

Die Trierer Wallfahrt hätte vermutlich ein geringeres Aufsehen erregt, wenn sie nur eine regionale Veranstaltung des Trierer Bistums gewesen wäre. Die Ausstellung der Trierer Domreliquie übte jedoch auch außerhalb der engeren Bistumsgrenzen eine bemerkenswerte Anziehungskraft aus. Vor allem kamen

---

[18] Triersche Zeitung, Nr. 259 (15. Sept. 1844).

[19] Johann Jacob Blattau, Statuta synodalia ordinationes et mandata diocesis trevirensis (1842–1855), Bd. 8, Trier 1859, S. 109.

[20] Die noch relativ hohe Pilgerzahl aus dem Kreis Cochem wird durch einen Bericht des dortigen Landrats an den Regierungspräsidenten von Koblenz vom 2. Dez. 1844 bestätigt; vgl. Landeshauptarchiv Koblenz, Abt. 441, Nr. 1312.

größere Pilgergruppen aus den historischen Gebieten des ehemaligen Trierer Erzbistums, aus dem Bistum Limburg einerseits und aus den Bistümern Luxemburg, Metz und Nancy andererseits. Zu beachten ist auch die hohe Pilgerzahl aus dem Bereich des Erzbistums Köln. Kleinere Pilgergruppen kamen aus den südlich an Trier angrenzenden, nicht mehr preußischen Bistümern Mainz und Speyer. Die Trierer Reliquienausstellung löste somit nicht nur eine beispiellos große, sondern auch eine regional weitgefächerte Volksbewegung aus. Sie stellte insofern tatsächlich eine „Pilgerfahrt der rheinischen Völker" dar, als die sie Görres, wenn auch in poetisch-fiktionaler Übersteigerung, feierte.[21] Sowohl der Teilnehmerzahl nach wie auch in ihrem Einzugsbereich übertraf die Trierer Wallfahrt damit in Deutschland alle vergleichbaren kirchlichen Unternehmungen des frühen 19. Jahrhunderts.

Die kirchliche Publizistik feierte die Trierer Wallfahrt übereinstimmend als ein politische Grenzen und soziale Klassen durchbrechendes Vereinigungsfest. Mit Recht ist daher gesagt worden, daß „Einheit" das „große Schlagwort der Wallfahrtsfreunde" gewesen sei.[22] Diesem Einheitskult lag ein kirchlich-religiöser Symbolismus zugrunde, der das angeblich ungenähte Gewand, die Tunika des toten Jesus von Nazareth, seit jeher als Symbol der Kircheneinheit ansah. So sprach Görres unter Berufung auf Augustinus von der Pilgerfahrt zum „Symbole der unzerreißbaren Einheit" der Kirche.[23] Diese traditionale, bei Görres in romantischem Geist ideologisierte Rechtfertigung wurde jedoch in der Wallfahrtsapologetik von einer eindeutig gesellschaftspolitischen Argumentation überlagert. Von Jakob Marx wurde die „brüderliche Eintracht und Gleichheit der Menschen aller Stände" beschworen. Die „Unterschiede der Menschen in der bürgerlichen Gesellschaft", ihre Aufspaltung in „besondere Klassen", sah er in der Wallfahrt aufgehoben.[24] In charakteristischer Vermischung des gesellschaftspolitischen Aspekts mit kirchlicher Dogmatik setzte er sich von einem klassenmäßigen Volksbegriff ab, unter dem „die schlichten Bürger- und Landleute zu verstehen wären im Gegensatz zu den Angesehenen, Reichen, Vornehmen, sogenannten Gebildeten". „Die Kirche", notierte er, „kennt nur Clerus und Volk, und gehört [sic!] zu letzterem im kirchlichen Sinne alle Gläubigen, sie mögen reich oder arm, Vornehme oder Niedrige,

---

[21] Görres, Wallfahrt, S. 83.

[22] Frühwald, Wallfahrt, S. 377.

[23] Görres, Wallfahrt, S. 83.

[24] J. Marx, Ausstellung, S. 109 f., ähnlich auch S. 98.

Obrigkeit oder Unterthanen, Gelehrte wie Ungelehrte, Adelige wie Bürgerliche sein".[25] Nach der Ansicht dieses und anderer kirchlicher Wallfahrtspropagandisten hätte die katholische Kirche somit auf dem Wege über die aktive Glaubenseinheit eine neue Volkseinheit gestiftet. Und dies war keineswegs nur symbolisch-spirituell gemeint. „Was der Freiheitsschwindel als höchstes Ziel über rauchenden Trümmern und Leichen erreichen möchte", heißt es in einer Würzburger Wallfahrtsflugschrift, „hat die Religion vollbracht; es herrschte brüderliche Gleichheit unter den Tausenden."[26] Die Wallfahrtsstrategen hatten somit ohne Zweifel ein klares gesellschaftspolitisches Programm. Es ist jedoch zu fragen, inwieweit dieses im Verlauf der Wallfahrt realisiert werden konnte. Führte die Wallfahrt Menschen aus allen Schichten zusammen, oder hatte die Pilgerschaft ein sehr viel engeres Sozialprofil?

Entgegen der kirchlichen Vorstellung, Angehörige aller Gesellschaftsschichten für die Wallfahrt mobilisiert zu haben, lautete der Vorwurf der zeitgenössischen Wallfahrtsgegner, es hätten nur solche der sozialen Unterschicht daran teilgenommen. Wo sich Kritiker des Wallfahrtsunternehmens zu Wort meldeten, ist davon die Rede, daß die Wallfahrer „fast ausschließlich den niedern Volksklassen" angehörten,[27] daß sie „recht arm und kümmerlich" ausgesehen hätten,[28] daß die „Mehrzahl der Pilger" aus „blutarmen, ungebildeten Leuten, die ihren letzten Kreuzer nach Trier brachten", bestanden habe.[29] Ein Anonymus weist darauf hin, daß die Pilger den „armen Volksklassen" zuzurechnen seien, „deren Noth und Elend mit jedem Tage wächst und uns an den Rand jenes Abgrundes zu bringen droht, der sich bereits in den Erscheinungen des englischen Pauperismus und des französischen Proletariats zu offenbaren beginnt".[30] Dieselbe Anklage wird auch in dem offenen Brief des schlesischen Expriesters Johannes Ronge an den Trierer Bischof

---

[25] Bistumsarchiv Trier, Abt. 91, Nr. 230: „Notizen über die Feierlichkeit der Ausstellung des H. Rockes im Herbst 1844 von Professor Marx."

[26] Mauritius Moritz, Die hohe Bedeutung des heiligen Rockes Jesu Christi zu Trier, zur Rechtfertigung der Verehrung desselben. Ein Büchlein für alle Stände, für Stadt und Land. Von einem Priester zu Aschaffenburg, Würzburg 1845, S. 17.

[27] Deutsche Allgemeine Zeitung, 6. Okt. 1844, zit. in: Heil(iger)-Rock-Album. Eine Zusammenstellung der wichtigsten Aktenstücke, Briefe, Adressen, Berichte und Zeitungsartikel über die Ausstellung des heiligen Rockes in Trier, Leipzig (1845), S. 54.

[28] Deutsche Allgemeine Zeitung, 27. Sept. 1844, zit. in: Heil.-Rock-Album, S. 48.

[29] Herold, Nr. 7, Breslau 1844, zit. in: Heil.-Rock-Album, S. 113.

[30] Die Wallfahrt nach Trier, eine Stimme aus Nassau, Siegen/Wiesbaden 1845, S. 34.

19

Arnoldi erhoben, der am 13. Oktober in Leipzig in den „Sächsischen Vaterlandsblättern" erstmals veröffentlicht wurde. Ronge gab mit diesem wortgewaltigen Pamphlet den Anstoß zu der religiösen und politischen Bewegung des Deutschkatholizismus, die in dogmatisch-ideologischer Hinsicht und durch ihren anfänglichen Massencharakter die am meisten Aufsehen erregende Antwort auf die Trierer Wallfahrtsbewegung darstellte.[31] Durch den Vorstoß Ronges wurde aber auch der Blick einer größeren Öffentlichkeit auf die Frage der sozialen Herkunft und Zusammensetzung der Trierer Pilgerscharen gelenkt. Die entscheidenden Sätze in dem Aufruf Ronges lauten:

> „Fünfmalhunderttausend Menschen, fünfmalhunderttausend verständige Deutsche sind schon zu einem Kleidungsstücke nach Trier geeilt, um dasselbe zu verehren oder zu sehen! Die meisten dieser Tausende sind aus den niederen Volksklassen, ohnehin in großer Armut, gedrückt, unwissend, stumpf, abergläubisch und zum Teil entartet."[32]

Der sächsische Priester kannte die Trierer Wallfahrer nicht aus eigener Anschauung, sondern nur aus Berichten in der Presse. In seiner Polemik spiegelt sich deshalb zweifellos auch das aufgeklärte Vorurteil des vormärzlichen Bildungsbürgertums gegenüber dem unwissenden 'Volk' wider. Gleichwohl traf seine Behauptung, die meisten Pilger kämen aus den 'niederen Volksklassen', ohne Frage weitgehend zu. Es gibt zwar keine Quellen, aufgrund derer man dies sozialstatistisch ganz genau belegen könnte. Angesichts des durchweg ländlichen Charakters der Trierer Kirchenprovinz kann die Masse der Pilger aber nur aus der dörflichen und kleinstädtischen Unterschicht gekommen sein. Das nähere Einzugsgebiet in Eifel, Moseltal und Hunsrück, aus dem die Masse der Pilger kam (vgl. Tabelle 2 im Anhang, S. 100), war kaum urbanisiert. Selbst in der Stadt Trier gehörte die überwältigende Mehrheit der Einwohner der unterbürgerlichen Unterschicht an.[33] Und wenn die Zahl der

---

[31] Zur Geschichte des Deutschkatholizismus vgl. jetzt die grundlegenden Untersuchungen von Friedrich Wilhelm Graf, Die Politisierung des religiösen Bewußtseins. Die bürgerlichen Religionsparteien im deutschen Vormärz. Das Beispiel des Deutsch-Katholizismus, Stuttgart 1978; Sylvia Paletschek, Frauen und Dissens. Frauen im Deutschkatholizismus und in den freien Gemeinden 1841–1852, Göttingen 1990, sowie Holzem, Kirchenreform und Sektenstiftung.

[32] Vgl. Anhang, S. 70 ff.

[33] Vgl. dazu Gert Fischer, Wirtschaftliche Strukturen am Vorabend der Industrialisierung. Der Regierungsbezirk Trier 1820–1850, Köln 1990; Manfred Heimers, Trier als preußische Bezirkshauptstadt im Vormärz (1814–1848), in: Kurt Düwell, Franz Irsigler (Hg.), Trier in der Neuzeit, Trier 1988, S. 399–420.

Pilger aus den kirchlichen Dekanaten Ottweiler und Saarlouis vergleichsweise hoch war (vgl. Tabelle 2), so spricht das dafür, daß die dortigen Bergarbeiter in größerer Zahl nach Trier gekommen sind. Bezeichnenderweise haben die kirchlichen Wallfahrtspropagandisten, nachdem sie publizistisch in die Defensive gedrängt worden waren, die soziale Klassengebundenheit der Wallfahrer auch gar nicht bestritten. „Allerdings waren die meisten aus den niedern Volksklassen", heißt es z. B. in einer Breslauer Flugschrift, „schon weil diese auch im Rheingebiet wie überall die bei weitem Zahlreicheren sind".[34] Ein Rheingauer Pfarrer verteidigt in einem „Sendschreiben" an Ronge die „Hunderttausende von Pilgern" ausdrücklich mit ihrer Herkunft „aus dem gesunden Kern der deutschen Nation: aus dem Volke".[35] Andere räumten ein, daß die Mehrzahl der Pilger Bauern und kleine Handwerker gewesen seien, sie glaubten nur, diese gegen den Vorwurf der Armut und der Unwissenheit verteidigen zu müssen.[36] Die Pilger seien „arme Landleute" gewesen, jedoch kein „Lumpenpack".[37] Auch wenn Jakob Marx und andere an der Einigungsideologie der Wallfahrt festhielten, machte die zeitgenössische Polemik somit deutlich, daß die Hauptmasse der Trierer Wallfahrer offensichtlich Angehörige der sozialen Unterschicht waren, d. h. Bauern (vor allem Winzer), kleine Handwerker und Gewerbetreibende. Mehrfach wird zudem berichtet, daß ein Großteil dieser Pilger Frauen gewesen seien, ein Faktum, das auf die fortschreitende Feminisierung der Religion im 19. Jahrhundert verweist.[38]

Man muß davon ausgehen, daß die wirtschaftliche Existenz dieser wallfahrenden Unterschicht schwer gefährdet war. Die Moselgegend stellte Anfang

---

[34] J(oseph) I(gnaz) Ritter, Über die Verehrung der Reliquien und besonders des heil. Rockes in Trier, Breslau 1845, S. 14.

[35] Peter Neumann, Sendschreiben, S. 4.

[36] Vgl. z. B. Moritz, Bedeutung, S. 56: „Unter den vielen Tausenden, welche nach Trier frommen Sinnes wallfahrteten, war bei weitem der größere Teil aus den Rheinlanden und Westphalen, wo, wie allgemein bekannt, auch die untern Klassen durchschnittlich sehr gebildete Leute sind." Ähnlich Ritter, Verehrung, S. 14 f.

[37] Der Heilige Rock und die Lästerer desselben, S. 5.

[38] Heil.-Rock-Album, S. 48, 54, 110; Teuscher, Ronge und der heilige Rock, S. 7. Vgl. dazu Hugh McLeod, Weibliche Frömmigkeit – männlicher Unglaube? Religion und Kirchen im bürgerlichen 19. Jahrhundert, in: Ute Frevert (Hg.), Bürgerinnen und Bürger. Geschlechterverhältnisse im 19. Jahrhundert, Göttingen 1988, S. 134–156; Sylvia Paletschek, Frauen und Säkularisierung Mitte des 19. Jahrhunderts. Das Beispiel der religiösen Oppositionsbewegung des Deutschkatholizismus und der freien Gemeinden, in: Schieder, Religion und Gesellschaft, S. 300–317.

der vierziger Jahre neben Schlesien das ärmste Gebiet des ganzen preußischen Staates dar. Ähnlich wie in Schlesien war die überdurchschnittliche Pauperisierung der Moselbevölkerung auch durchaus neueren Datums.[39] Noch im ersten Jahrzehnt der preußischen Herrschaft hatte die Moselgegend einen beachtlichen wirtschaftlichen Aufschwung erlebt. Daß dieser unvermittelt in eine Krise überging, hing mit der besonderen Wirtschaftsstruktur der Region zusammen, die weitgehend auf einer Monokultur des Weines beruhte. Nach der Eingliederung in den preußischen Staat hatten die Moselwinzer eine monopolartige Vorzugsstellung gewonnen, die sie zu verstärktem Rebausbau und entsprechenden Investitionen veranlaßte. Durch den Abschluß des preußisch-hessischen Zollvertrages im Jahre 1828 ging diese Vorzugsstellung mit einem Schlag verloren, da die preußische Regierung die unmittelbaren sozialen Folgen der Zollpolitik für ihre Untertanen ignorierte. Der Anschluß Nassaus an den deutschen Zollverein im Jahre 1835 verstärkte die rheinpreußische Weinhandelskrise. 1844 waren etwa 76% der Bevölkerung an der Mittelmosel völlig verarmt.[40] Die verfehlte Steuerpolitik der uneinsichtigen Berliner Finanzverwaltung verschärfte die Existenznot der Winzer weiter.[41] Seit den dreißiger Jahren wurde das Moselelend auf den rheinischen Landtagen regelmäßig diskutiert, samt solchen Nebenerscheinungen wie dem Holzdiebstahl, der Karl Marx 1842 in der „Rheinischen Zeitung" zu einer seiner ersten sozialkritischen Stellungnahmen veranlaßte.[42] In abgestufter Form galt dasselbe für die großenteils kleinbäuerliche und allenfalls kleingewerbliche Bevölkerung in Eifel und Hunsrück. Da diese pauperisierte Landbevölkerung und die kleinstädtischen Gewerbetreibenden der Region den Kern der Trierer Wallfahrer ausmachten, kann man durchaus davon sprechen, daß das Sozialprofil der Wallfahrer tendenziell proletarisch geprägt war.

---

[39] Vgl. dazu Hans Stein, Karl Marx und der rheinische Pauperismus des Vormärz. Eine Studie zur Sozialpolitik der Rheinischen Zeitung von 1842/43, in: Jahrbuch des Kölnischen Geschichtsvereins 14 (1932), S. 130–147; Hans Pelger, Karl Marx und die rhein-preußische Weinkrise, in: Archiv für Sozialgeschichte 13 (1973), S. 309–375. Allgemein dazu auch: Helmut Hahn / Wolfgang Zorn, Historische Wirtschaftskarte der Rheinlande um 1820, Bonn 1973, S. 21, 29 f.

[40] Vgl. dazu die Monographie von Annette Winter-Tarvainen, Weinbaukrise und preußischer Staat. Preußische Zoll- und Steuerpolitik in ihren Auswirkungen auf die soziale Situation der Moselwinzer im 19. Jahrhundert, Trier 1992.

[41] Pelger, Karl Marx, S. 345; Winter-Tarvainen, Weinbaukrise, S. 200–270.

[42] Marx Engels Werke 1, S. 109 ff.

Die wallfahrende Unterschicht blieb allerdings nicht unter sich. Der vorausgehenden kirchlichen Planung entsprechend, befanden sich zahlreiche Pfarrgeistliche als Prozessionsführer unter den Pilgern. In den Notizen des bischöflichen Beauftragten Bechtold befinden sich für die Zeit bis zum 14. September die Namen von 283 Geistlichen.[43] Eine Mainzer Prozession wurde allein von 15 Geistlichen begleitet.[44] Sehr viel wichtiger noch war, daß der hohe Klerus, darunter nicht weniger als zehn Bischöfe, nach Trier kam. Nicht zufällig waren die katholischen Kirchenführer gerade der Diözesen darunter, aus denen auch die meisten Pilger kamen: die Bischöfe von Limburg (Blum), Luxemburg (Apostolischer Vikar Laurent), Nancy (von Menjaud), Verdun (Rossat), Köln (Koadjutor von Geissel) und Speyer (Weis). Dem entspricht die Abwesenheit des dem aufgeklärten Rationalismus verpflichteten Bischofs Kaiser von Mainz, aus dessen Kirchensprengel bezeichnenderweise auch nur verhältnismäßig wenig Pilger nach Trier kamen. Dieser Bischof soll seinen Pfarrern sogar die Anweisung gegeben haben, nicht für die Trierer Reliquienausstellung Propaganda zu machen.[45] Anstelle des Mainzer Bischofs konnte Arnoldi jedoch einen belgischen (Apostolischer Vikar von Wykersloot aus Leyden) und drei westfälische Bischöfe in Trier begrüßen, den von Münster (Maximilian Droste zu Vischering), dessen Weihbischof (Apostolischer Vikar Lüpke) und den Bischof von Osnabrück (Melchers).[46] Der ungewöhnliche Auftritt so vieler hoher kirchlicher Amtsträger zeigt, welche Bedeutung die katholischen Kirchenführer des Rheinlandes der Trierer Wallfahrt beigemessen haben. Es kommt hinzu, daß ihre Anwesenheit in Trier demonstrativ herausgestrichen wurde. Mit dem Bischof von Verdun bestritt Arnoldi zum Beispiel die Schlußfeier der Ausstellung.[47] Den Kölner Metropoliten Geissel informierte er schon Ende Mai von seinen Wallfahrtsplänen. Bis zu Geissels Eintreffen in Trier am 28. September hielt er ihn in weiteren Briefen über den Fortgang des

---

[43] Bistumsarchiv Trier, Abt. 91, Nr. 212.

[44] J. Marx, Ausstellung, S. 45; Katholische Sonntagsblätter 3 (1844), S. 316 ff., zit. bei Johannes Kraus, Caspar Riffel und das Erstarken des katholischen Lebens in Mainz in den Jahren 1840–1848, in: Ludwig Lenhart (Hg.), Idee, Gestalt und Gestalter des ersten deutschen Katholikentages in Mainz 1848, Mainz 1948, S. 164–166.

[45] Vgl. Heil.-Rock-Album, S. 110; Herr Johannes Ronge, der falsche „katholische Priester", und die schlechte Presse, Mainz 1844, S. 23. Dazu Kraus, Caspar Riffel, S. 164.

[46] J. Marx, Ausstellung, S. 100.

[47] Ebda., S. 167.

Unternehmens auf dem laufenden.[48] Besonders eng arbeitete er mit dem radikal ultramontanen Luxemburger Kirchenführer Laurent zusammen. Dieser hatte die Pilgerfahrt nach Trier nicht nur in einem eigenen Hirtenschreiben propagiert, er kam auch selbst zu Fuß mit einer Luxemburger Prozession über die Grenze. Arnoldi zog ihm von Trier aus entgegen.[49] Es kann kein Zweifel daran bestehen, daß die auffällig starke Präsenz des katholischen Episkopats in Trier auch als Demonstration eines bischöflichen Autoritätsanspruches nicht nur gegenüber den kirchlichen Laien, sondern auch dem niederen Klerus angesehen werden muß. Die deutschen Bischöfe mußten sich im 19. Jahrhundert dem autoritären Führungsanspruch des Papstes unterwerfen, sie setzten aber gleichzeitig in ihren Kirchensprengeln einen ähnlich unbedingten Anspruch auf Unterordnung durch.[50] Die Trierer Wallfahrt liefert dafür einen besonders anschaulichen Beweis.

In der radikalen „Mannheimer Abendzeitung" wurde im November 1844 darüber gestritten, ob nur der „Pöbel, vornehmer und gemeiner" an der Wallfahrt beteiligt gewesen sei oder auch noch andere Bevölkerungsschichten.[51] Was hier in einer unspezifischen und polemischen Sprache als *vornehmer Pöbel* bezeichnet wurde und sofort heftige Kritik und Gegenkritik auslöste, war der Adel. Tatsächlich ist belegt, daß besonders der katholische Adel Westfalens in der Zeit der Rockausstellung nach Trier gefahren ist.[52] Der am meisten Aufsehen erregende Fall einer angeblichen Wunderheilung durch den *Heiligen Rock* war bezeichnenderweise der einer Gräfin Droste zu Vischering.[53]

---

[48] Längere Auszüge der Briefe Arnoldis an Geissel vom 28. Mai, 9., 15. und 19. Sept. 1844 bei Otto Pfülf, Cardinal von Geissel. Aus seinem handschriftlichen Nachlaß geschildert, Bd. 1, Freiburg 1895, S. 326–328.

[49] J. Marx, Ausstellung, S. 44 f., 69; vgl. auch Triersche Zeitung, Nr. 282 (8. Okt. 1844). Zu Laurent: Erwin Gatz, Laurent, Johann Theodor (1804–1884), in: ders. (Hg.), Die Bischöfe der deutschsprachigen Länder 1785/1803 bis 1945. Ein biographisches Lexikon, Berlin 1985, S. 433–436; Jean Goedert, Jean Théodore Laurent, vicaire apostolique de Luxembourg 1804–1884, in: Biographie nationale du Pays de Luxembourg depuis ses origines jusque' à nos jours, Bd. 8, Luxembourg 1957, S. 207–290.

[50] Vgl. dazu den Aufsatz von Michael N. Ebertz, „Ein Haus voll Glorie schauet...", S. 62–85.

[51] Mannheimer Abendzeitung, 8. Nov. 1844, zit. in: Heil.-Rock-Album, S. 79; Mannheimer Abendzeitung, 14. Nov. 1844, zit. ebda., S. 85; Mannheimer Abendzeitung, 18. Nov. 1844, zit. ebda., S. 122–124.

[52] Vgl. Heil.-Rock-Album, S. 60, 110, 121; L. Reinhard, Der Triersche Rock, Hamburg 1845, S. 10. Vgl. auch allgemein Heinz Reif, Westfälischer Adel 1770–1860, Göttingen 1979, S. 435–449.

[53] Vgl. das weitverbreitete Spottlied im Anhang, S. 92.

Auch der badische Freiherr von Andlaw, der sich in der „Mannheimer Abendzeitung" vom 14. November zu Wort meldete, war zum Beispiel als Pilger in Trier.[54] Dagegen fehlte so gut wie ganz das Bürgertum von Bildung und Besitz, also die Akademiker, Beamten und Angehörigen der rheinischen Bourgeoisie, in der Sprache der Zeit der „Mittelstand" bzw. die „gebildeten Klassen". Die Trierer Wallfahrt stellt sich somit in sozialgeschichtlicher Sicht als eine Massenbewegung der unteren Gesellschaftsschichten dar, die vom katholischen Episkopat inszeniert und vom Adel dieser Konfession begleitet wurde. Entgegen der Einheitsideologie kirchlicher Wallfahrtspropagandisten war das katholische Bürgertum dagegen so gut wie überhaupt nicht daran beteiligt. Es stand vielmehr dem „engen Bündnis" zwischen „ultramontaner Geistlichkeit" und „hohem Adel", das in der Wallfahrt zutage trat, ablehnend gegenüber.[55] Folgerichtig stellten sich anfangs viele bürgerliche Wortführer auf die Seite der deutschkatholischen Gegenbewegung gegen die Wallfahrt.

Diese Parteinahme läßt sich schon daran ablesen, daß Ronge seinen berühmten Brief an Arnoldi am 13. Oktober 1844 zuerst in den von Robert Blum redigierten „Sächsischen Vaterlandsblättern" veröffentlichen konnte.[56] Die Kampfansage gegen die Trierer Wallfahrt wurde damit durch den ehemaligen Priester in einem Organ des bürgerlichen Linksliberalismus vorgetragen. Die „Deutsche Allgemeine Zeitung" meldete denn auch bald, daß das Rongesche Schreiben in Schlesien „an den meisten öffentlichen Orten des mittleren Bürgerstandes" gelesen und diskutiert werde.[57] Aus Baden berichtete die „Mannheimer Zeitung", daß es der „Bürgerstand" sei, „den dieser Aufsatz besonders electrisirt".[58] Auch in Sachsen fand der Aufruf Ronges die Sympathie des oppositionellen Bürgertums. Neben den „Sächsischen Vaterlandsblättern" setzten sich hier Karl Biedermanns „Herold" und andere Blätter für Ronge

---

[54] Vgl. Bistumsarchiv Trier, Abt. 91, Nr. 232. Der Faszikel enthält handschriftliche Notizen von Jakob Marx über adelige und hohe geistliche Wallfahrtsteilnehmer, außer über von Andlaw u.a. noch über eine Gräfin Ingelheim aus Würzburg und den königlichen Hofmarschall Graf von Rechberg aus München.

[55] Magdeburger Zeitung, 17. Nov. 1844, zit. in: Heil.-Rock-Album, S. 121.

[56] Vgl. den Text von Ronges Sendschreiben im Anhang, S. 70 ff.

[57] Deutsche Allgemeine Zeitung, 14. Nov. 1844, zit. in: Heil.-Rock-Album, S. 99.

[58] Mannheimer Abendzeitung, 7. Nov. 1844, zit. in: Heil.-Rock-Album, S. 77.

ein.[59] Das einflußreichste Votum für den Deutschkatholizismus gab jedoch wohl der liberale Historiker Gervinus in seiner Schrift „Die Mission der Deutschkatholiken" ab.[60] Gervinus sah die deutschkatholische Bewegung aus dem „Kern der mittleren Volksklasse" hervorgehen.[61] Er interpretierte sie im Sinne seines geschichtsphilosophisch begründeten Liberalismus als politische Bewegung des historisch gebildeten Bürgertums. Gegen das Bündnis von katholischer Kirche und vorindustrieller Unterschicht, das in der Trierer Wallfahrt in Erscheinung trat, setzte er das Programm einer bürgerlichen Sammlungsbewegung auf überkonfessioneller religiöser Grundlage. Auch Bruno Bauer sprach 1849 in kritischer Rückschau davon, daß Ronge der „Held des Bürgerthums" gewesen sei. Er habe das „Entsetzen" des Bürgertums über das „Schauspiel zu Trier" artikuliert.[62] Die soziale Realität der deutschkatholischen Bewegung stimmte zwar nach allem, was bisher bekannt ist, weder mit den Wunschvorstellungen der liberalen noch der radikalen bürgerlichen Intelligenz überein. Weder blieb der Deutschkatholizismus eine bürgerliche Bewegung, noch schuf er eine politische Brücke vom Bürgertum zum entstehenden Proletariat.[63] Fest steht jedoch, daß Ronge mit seinem Vorstoß die Ausschlie-

---

[59] Günter Kolbe, Demokratische Opposition im religiösen Gewande. Zur Geschichte der deutschkatholischen Bewegung in Sachsen am Vorabend der Revolution von 1848/49, in: Zeitschrift für Geschichtswissenschaft 20 (1972), S. 1108.

[60] Georg Gottfried Gervinus, Die Mission der Deutschkatholiken, Heidelberg 1845. Ferner erschien von ihm: Die protestantische Geistlichkeit und die Deutschkatholiken, Heidelberg 1846. Vgl. dazu Annette Kuhn, Die Provokation des Friedens und der religiöse Sozialismus der Deutschkatholiken im Jahr 1848/49, in: dies., Theorie und Praxis historischer Friedensforschung, Stuttgart/München 1971, S. 41 ff., Frühwald, Wallfahrt, S. 379 und allgemein Hans Rosenberg, Gervinus und die deutsche Republik. Ein Beitrag zur Geistesgeschichte der Deutschen Demokratie, in: ders., Politische Denkströmungen im deutschen Vormärz, Göttingen 1972, S. 115 ff.

[61] Gervinus, Mission, S. 54.

[62] Bruno Bauer, Die bürgerliche Revolution in Deutschland seit dem Anfang der deutschkatholischen Bewegung bis zur Gegenwart, Berlin 1849, S. 11.

[63] Kolbe, Demokratische Opposition, S. 1105 f., stellte für Sachsen eine ausgesprochen kleinbürgerliche Sozialstruktur fest. In der Breslauer Gemeinde kam es dagegen Ende 1846 zu einem regelrechten Klassenkonflikt zwischen der „bemittelten höhern Bürger- und Beamtenklasse" und dem „Proletariat". Vgl. Friedrich Kampe, Geschichte der religiösen Bewegung der neueren Zeit, Bd. 1, Leipzig 1852, S. 105 ff. Die neuere Forschung hat das überwiegend kleinbürgerliche, aber auch beträchtlich bürgerlich geprägte Sozialprofil des Deutschkatholizismus bestätigt. Vgl. Paletschek, Frauen und Dissens, S. 86–90; Holzem, Kirchenreform und Sektenstiftung, S. 328–334.

ßung des Bürgertums von der Trierer Wallfahrt in das nationale Bewußtsein gehoben hat.

II. Die Wallfahrt als kirchliche Demonstration

Trotz ihres Massencharakters wäre die Trierer Wallfahrt wohl nicht als sensationell empfunden worden, wenn sie in einem regelmäßigen Turnus veranstaltet worden wäre, wie zum Beispiel die alle sieben Jahre stattfindende Aachener Domwallfahrt.[1] Die Ausstellung der Trierer Domreliquie war jedoch eine alles andere als normale Angelegenheit. Die Tradition der Trierer Reliquienausstellung reicht zwar bis in die frühe Neuzeit zurück, jedoch war der Rhythmus der Wallfahrten völlig unregelmäßig, ja er scheint auf den ersten Blick ohne jede innere Logik zu sein.

Schon im Mittelalter bildeten sich zahlreiche Legenden über den Verbleib des angeblichen heiligen Rockes, die zunehmend auf Trier, aber keineswegs ausschließlich nur hier lokalisiert wurden.[2] Als realer Gegenstand ist der Trierer Rock erstmals Ende des 12. Jahrhunderts faßbar. Den Anstoß für die erste öffentliche Ausstellung der Reliquie gab aber erst Kaiser Maximilian I. auf dem Trierer Reichstag von 1512. Der *Heilige Rock* wurde im Mai dieses Jahres zusammen mit einer Reihe weiterer Domreliquien 23 Tage lang ausgestellt.[3] Aufgrund des großen Publikumserfolges bemühte sich der Trierer Kurfürst

---

[1] Vgl. dazu jetzt umfassend Dieter Wynands, Geschichte der Wallfahrt im Bistum Aachen, Aachen 1986.

[2] Vgl. dazu und zum folgenden Beissel, Geschichte der Trierer Kirchen, Bd. 2, S. 270 ff.; Erwin Iserloh, Der Heilige Rock und die Wallfahrt nach Trier, in: Geist und Leben 32 (1959), S. 271 ff.

[3] Vgl. den Bericht des damaligen Universitätsrektors und Dompredigers Johannes von Enen, Medulla Gestorum Treveren(sium), hochdeutsch mit Anmerkungen..., hg. von Peter Joseph Andreas Schmitz, Regensburg 1845. Ferner: Gerhard Hennen, Eine bibliographische Zusammenstellung der Trierer Heiligtumsbücher, deren Drucklegung durch die Ausstellung des heiligen Rockes im Jahre 1512 veranlaßt wurde, in: Centralblatt für Bibliothekswesen 4 (1887), S. 481–550; Michael Embach (Hg.), Tunica Domini. Literaturdokumentation zur Geschichte der Trierer Heilig-Rock-Verehrung, bearbeitet von Helmut Krämer, Trier 1991, S. 27 f.

und Erzbischof Richard von Greiffenklau um päpstliche Anerkennung der Wallfahrt. Papst Leo X. erteilte daraufhin 1514 in der Bulle „Salvator noster Dominus", der 1515 Ausführungsbestimmungen folgten, großzügigen Ablaß für eine Wallfahrt, die in jedem siebten Jahre stattfinden sollte. Beginnend 1517, fanden daraufhin bis 1538 wahrscheinlich vier Ausstellungen in dem vorgesehenen Rhythmus statt. Obwohl Umstände und Verlauf dieser Wallfahrten im einzelnen noch nicht untersucht sind, kann kein Zweifel daran bestehen, daß diese organisierte Ausstellungsserie in den Zusammenhang der Kirchenkrise des 16. Jahrhunderts gehört. Hier wie anderswo wurde der Versuch unternommen, den Wildwuchs, den Wallfahrten und andere religiöse Volksbräuche zu Ende des 15. Jahrhunderts erlebt hatten, für die ideologische und materielle Stärkung der katholischen Amtskirche auszunutzen. Die Trierer Wallfahrt war daher bezeichnenderweise auch den Reformatoren ein besonderer Dorn im Auge. Luther rechnete sie schon 1520 in seinem Aufruf „An den christlichen Adel deutscher Nation" zu den neueingerichteten Wallfahrten, die man wieder abschaffen solle.[4] 1531 fragte er in bekannt drastischer Ausdrucksweise: „Was thet allein die newe bescheisserey zu Trier mit Christus rock? Was hat hie der Teufel grossen Jarmarckt gehalten inn aller welt und so unzeliche falsche wunderzeichen verkaufft?".[5] Der Sieg der Reformation in Deutschland scheint den Trierer Wallfahrtsrhythmus dann auch endgültig gestört zu haben. Nur 1585 fand noch einmal eine kurze Rockausstellung statt. Ihr aktueller Anlaß war die Restauration der katholischen Kirche im Trierer Kurstaat. Damit wurde die Wallfahrt erstmals zu einem Zweck benutzt, zu dem sie in den folgenden Jahrhunderten in unregelmäßigem Abstand nur noch veranstaltet werden sollte: zur Sammlung der Kirchengläubigen und zur Demonstration wiedergewonnener Stärke in oder nach fundamentalen Existenzkrisen der Kirche.

1655 signalisierte die einzige Ausstellung des 17. Jahrhunderts den kirchlichen Wiederaufstieg nach den Erschütterungen des Dreißigjährigen Krieges.[6] Allem Anschein nach hing sie auch mit der Entstehung der rheinischen Alli-

---

[4] Martin Luther, An den christlichen Adel deutscher Nation von des christlichen Standes Besserung, in: Luthers Werke, Weimarer Ausgabe, Bd. 6, S. 447.

[5] Martin Luther, Warnung an seine lieben Deutschen, ebda., Bd. 30/3, S. 315. Vgl. auch seine Vermannung an die Geistlichen, versamelt auff dem Reichstag zu Augsburg Anno 1530, ebda., Bd. 30/2, S. 297: „[...] und war das nicht ein sonderlicher meisterlicher Beschiss mit unsers Herrn rock zu Trier wie hernach dieselbige schendliche lugen ist offenbar worden, [...]".

[6] Vgl. Beissel, Geschichte der Trierer Kirchen, Bd. 2, S. 283 ff. und Richard Laufner, Die Hl. Rock-Ausstellung im Jahre 1655, in: Trierisches Jahrbuch 10 (1959), S. 56–67.

anz katholischer Territorialfürsten (Kurköln, Kurtrier, Münster, Pfalz-Neuburg und Kurmainz) zusammen. Beim nächsten Mal, im September 1810, sollte die Wallfahrt den Neuaufbau der Kirchenorganisation unter Beweis stellen, nachdem die alte Adelskirche unter den Schlägen der Revolution und Säkularisation zusammengebrochen war. Napoleon unterstützte persönlich die Bemühungen des französischen Bischofs Mannay, die verschleppte Reliquie aus Augsburg heimzuholen.[7] Die Wallfahrt von 1844 lag zwischen der von 1810 und der von 1891. Diese letztere steht in deutlichem Zusammenhang mit dem Ende des Kulturkampfes und der Aufhebung des Sozialistengesetzes. Sie wurde durch den Trierer Bischof Korum unzweideutig als offensives agitatorisches Mittel katholischer Sozialpolitik gegenüber der Arbeiterschaft ausgewiesen. Kein Wunder, daß sozialistische Arbeiter am 30. August 1891 anläßlich einer Prozession saarländischer Bergleute politisches Propagandamaterial an die Pilger verteilten.[8] Die Ausstellung von 1933 wurde noch vor Hitlers Machtergreifung beschlossen. Den Anstoß dazu gab zunächst Papst Pius XI., indem er für 1933 ein 'Heiliges Jahr' zum Gedenken an den Tod von Jesus vor 1900 Jahren ausrief. Die Wallfahrt stärkte, wie der starke Zustrom von Pilgern aus dem Saarland zeigte, jedoch auch den nationalen Zusammenhalt der moselländischen mit den saarländischen Katholiken der Diözese Trier. Daß auch sie nicht nur innerkirchlich-religiöse Ursachen, sondern in starkem Maße auch politische Implikationen hatte, zeigte schließlich ihr Verlauf. Die Wallfahrt wurde in der ersten Euphorie nach dem Abschluß des Reichskonkordats in voller Übereinstimmung mit den neuen nationalsozialistischen Machthabern vollzogen. Es braucht hier nur darauf verwiesen zu werden, daß SA-Leute im Dombereich uniformierten Ordnungsdienst leisteten.[9] Die Zusammenhänge der Trierer Rockwallfahrt von 1959 harren noch

---

[7] Eduard Lichter, Die Rückkehr des Hl. Rockes aus Augsburg im Jahre 1810, in: Kurtrierisches Jahrbuch 8 (1968), S. 141–255, 9 (1969), S. 160–176; Akten zur Ausstellung von 1810 im Bistumsarchiv Trier, Abt. 91, Nr. 211.

[8] Vgl. dazu den anregenden Aufsatz von Gottfried Korff, Heiligenverehrung und soziale Frage. Zur Ideologisierung der populären Frömmigkeit im späten 19. Jahrhundert, in: Günther Wiegelmann (Hg.), Kultureller Wandel im 19. Jahrhundert, Göttingen 1973, S. 102 ff. Vgl. auch Gottfried Korff, Kulturkampf und Volksfrömmigkeit, in: Wolfgang Schieder (Hg.), Volksreligiosität in der modernen Sozialgeschichte, Göttingen 1986, S. 137–151. Neuerdings ist ganz besonders auch wichtig das Buch von David Blackbourn, Marpingen. Apparitions of the Virgin Mary in Nineteenth-Century Germany, New York 1994. Zu Korum vgl. Alois Thomas, Korum, Michael Felix (1840–1921), in: Gatz (Hg.), Bischöfe, S. 406–408.

[9] Vgl. Gustav Regler, Das Ohr des Malchus. Eine Lebensgeschichte, Köln/Berlin 1958, S. 299–303, u. dazu Frühwald, Wallfahrt, S. 373; Emil Zenz, Geschichte der Stadt Trier in der

einer eingehenderen Darstellung. Daß sie auf einem Höhepunkt christlich-demokratischer Regierungsmacht in der Bundesrepublik Deutschland stattfand, ist jedoch auffällig. Der Besuch des Bundeskanzlers Adenauer in Trier weist auf diesen politischen Zusammenhang deutlich hin.[10] Es bleibt abzuwarten, ob solche „Weltereignisse" auch die Ausstellung des *Heiligen Rocks* im Jahre 1996 ausgelöst haben.[11] Insgesamt läßt sich aber über dreihundert Jahre hinweg ein Bogen von 1655 bis zum Jahre 1959 spannen: In historisch zwar jeweils unterschiedlichen Konstellationen tritt durchweg das Bestreben der katholischen Amtskirche in Erscheinung, sich in oder nach Zeiten existentieller Gefährdung ihrer gläubigen Anhänger sichtbar zu vergewissern. In diesem

---

ersten Hälfte des 20. Jahrhunderts, Bd. 3, Trier 1973, S. 55, sowie vor allem Konrad Bohr, Kirchenpolitische Aspekte der Heilig-Rock-Wallfahrt von 1933, in: Kurtrierisches Jahrbuch 23 (1983), S. 105–126. – Daß die Trierer Wallfahrtsstrategen von 1933 sich an das neue Regime des Nationalsozialismus anpaßten, zeigt etwa auch die mit dem Imprimatur des in dieser Zeit durchaus noch dem neuen NS-Regime zuneigenden Trierer Bischofs Bornewasser versehene Schrift von Nikolaus Irsch, Die Wallfahrt zum Hl. Rock im Dome zu Trier 1933. Erinnerungsblätter der Wallfahrtsleitung für die Pilger, Trier 1934, S. 13. Hier ist von der „Sehnsucht nach Berührung des hl. Kleides" die Rede. Dann heißt es weiter: „Da nun ein wirkliches Berühren für die große Menge der Pilger nicht gestattet werden kann, so sucht und findet jenes Streben Ersatz durch eine indirekte Berührung: Andachtsgegenstände werden an den Hl. Rock angerührt, als Andenken an ihn aufbewahrt, als Unterpfand göttlicher Gnade geschätzt. Sie tragen den Hl. Rock und die Erbarmung Christi gewissermaßen in die Ferne der Zeit und in die Ferne des Ortes. Eine Sitte, die im Leben der Vorzeit zahlreiche Anklänge hat und in ganz neuzeitlicher Symbolik auf anderem Gebiete wieder auflebt. Den Fahnen der SS- und SA-Formationen wird die Weihe dadurch gegeben, daß sie an andere Banner angerührt werden, welch letztere wieder die Blutfahne vom 9. November 1923 berührt haben. Der Opfermut des Fahnenträgers, der damals in München die Fahne mit seinem Blut tränkte und über ihr tot aufgefunden wurde, soll durch die Fahnenberührung sinnbildlich allen späteren Fahnenführern vergegenwärtigt werden. Verehrung des Hl. Rockes ist also erstes Ziel der Wallfahrt, Vergegenwärtigung und daher Anbetung Christi ihr eingentlicher Sinn, der zu möglichst naher Berührung mit der hl. Reliquie drängt."

[10] Aus kirchlicher Sicht dazu Benedikt Caspar, Der Heilige Rock im Herzen des Bistums Trier, Trier 1959 (ganz unkritisch), und Iserloh, Der Heilige Rock, S. 271 ff. Auf die politische Dimension der Wallfahrt von 1959 verweist auch die außerkirchliche Kritik. Vgl. Der Spiegel 13 (12. Aug. 1959), S. 32–34: „Pilger Nr. 14 653. Ein Bericht von Bert Honolka" sowie G(erhard) Zschäbitz, Der heilige Rock von Trier, Leipzig/Jena 1959.

[11] Bischof Korum am 1. 9. 1887, in: Verhandlungen der XXXIV. Generalversammlung der Katholiken Deutschlands zu Trier vom 28. August bis 1. September 1887, Trier 1887, S. 277: „Aber meine Herren, lassen Sie mich es gestehen: Die Zukunft ist nicht in der Hand eines Menschen; bislang hat Gott selbst den Augenblick bestimmt: es waren stets Weltereignisse, die die Ausstellung des heiligen Rockes anregten."

weiteren Zusammenhang muß auch die Wallfahrt von 1844 gesehen werden.[12]

Für die Zeitgenossen stellte sich 1844 allerdings nur eine Verbindung zu der Wallfahrt von 1810 her. Sie ergab sich vor allem aus dem Inszenierungscharakter dieser Wallfahrt. Der französiche Bischof Mannay gab 1810 das Beispiel dafür, Massen für die Kirche in Bewegung zu setzen, ohne dadurch die Herrschaftsinteressen des Staates zu gefährden. Dies wiederholte sich 1844, wobei der Rückgriff auf das Wallfahrtsstatut Mannays nicht zufällig war. Es war die Wallfahrt von oben, die hier zu Anfang des 19. Jahrhunderts neu entwickelt wurde. Sie eröffnete der römisch-katholischen Kirchenführung die Möglichkeit der gelenkten und gezielten Wallfahrtssteuerung. Damit versicherte sie sich langfristig nicht nur des religiösen, sondern besonders auch des gesellschaftspolitischen Einflusses auf die rheinischen Katholiken, die ihr gerade in der volksreligiösen Praxis weitgehend verlorengegangen war.

Die letzten Trierer Kurfürsten des 18. Jahrhunderts hatten die Möglichkeiten einer kirchenpolitischen Wallfahrtssteuerung noch nicht erkannt. Es lag nicht nur an äußeren Einflüssen wie zum Beispiel Kriegsereignissen, daß während des gesamten 18. Jahrhunderts in Trier keine Rockwallfahrt stattgefunden hat. Die aufgeklärte Kirchenhierarchie dieser Zeit stand dem Wallfahren vielmehr aus theologischen Gründen ablehnend gegenüber.[13] Besonders aber ist der landesfürstliche Argwohn der Trierer Erzbischöfe gegenüber dem Wallfahrtswesen aus der Organisationsform der Wallfahrten zu erklären. Diese wurden seit dem späten Mittelalter, jedenfalls aber seit der Reformationszeit, in erster Linie von religiösen Bruderschaften getragen, d. h. von Korporationen kirchlicher Laien, nicht von der Kirche und ihrem Prie-

---

[12] Für die Wallfahrten bis 1844 wurde dieser Zusammenhang schon in der protestantischen Kirchengeschichte des 19. Jahrhunderts gesehen. Vgl. Ferdinand Christian Baur, Geschichte der christlichen Kirche, Bd. 5, hg. von Eduard Zeller, Tübingen 1862, S. 292; Heinrich Schmid, Geschichte der katholischen Kirche Deutschlands von der Mitte des 18. Jahrhunderts bis in die Gegenwart, Bd. 2, München 1873, S. 611; Friedrich Nippold, Handbuch der neuesten Kirchengeschichte, Bd. 2, 3. Aufl., Elberfeld 1883, S. 691. In der offiziösen Überblicksdarstellung der katholischen Kirchenführung von Karl Kammer, Hl. Rock, wurde dagegen der rein religiöse und innerkirchliche Charakter der Wallfahrtstradition betont.

[13] Vgl. Rudolf Reinhardt, Die Kritik der Aufklärung am Wallfahrtswesen, in: Bausteine zur geschichtlichen Landeskunde von Baden-Württemberg, hg. von der Kommission für geschichtliche Landeskunde in Baden-Württemberg anläßl. ihres 25jährigen Bestehens, Stuttgart 1979, S. 319–345, und vor allem Christoph Dipper, Volksreligiosität und Obrigkeit im 18. Jahrhundert, in: Schieder (Hg.), Volksreligiosität, S. 73–96. Vgl. allgemein auch Harm Klueting (Hg.), Katholische Aufklärung – Aufklärung im katholischen Deutschland, Hamburg 1993.

sterpersonal selbst.¹⁴ Die Kirchenaufsicht über das korporative Wallfahrtswesen war ursprünglich durchaus gewährleistet. Die Wallfahrtsbruderschaften neigten jedoch seit jeher zur Entfaltung einer eigenen kultischen Dynamik, häufig frei von priesterlicher Beteiligung. Im 18. Jahrhundert nahm das Wallfahren im Rheinland so überhand, daß zum Beispiel in der Trierer Gegend an Pfingsten „die ganze Diözese auf den Beinen" gewesen sein soll.¹⁵ Der letzte Trierer Kurfürst Bischof Clemens Wenzeslaus suchte dieser auswuchernden Bewegung in den siebziger Jahren des 18. Jahrhunderts durch harte Verbote Einhalt zu gebieten. So ging das bischöfliche Generalvikariat zum Beispiel gegen die sogenannten Apostel vor, die in Limburg alle Prozessionen begleiteten. Es wurde ihnen befohlen, ihre ungestalte Kopftracht abzulegen, beim Beten nicht zu „brüllen", bei der feierlichen Auffahrt der Karfreitagsprozession „sich alles Händeklatschens, Fingerwinkens und Küssens in Zukunft zu enthalten". Diese Maßnahmen entsprangen nicht nur aufgeklärter theologischer Abscheu vor der jahrmarkthaften Ausgestaltung der meisten Wallfahrten und Wallfahrtsorte, sondern auch einer durchaus eingestandenen, wenngleich unbestimmten politischen Angst vor einer unkontrollierten Volksbewegung, dem Unbehagen an den Pilgern, die „müßig und schwärmend herumwanderten", der Sorge vor der „Schwärmerei des gemeinen Volkes".¹⁶ Die landesfürstlichen Maßnahmen gingen so weit, daß große Wallfahrtsorte wirtschaftlich schwer geschädigt wurden. Dies galt auch für die Stadt Trier, die seit dem 17. Jahrhundert ohnehin in eine wirtschaftliche Randlage gedrängt worden war. Bezeichnenderweise sind die Trierer Revolutionsunruhen von 1789 auch auf die Prozessionsverbote des Kurfürsten zurückzuführen.¹⁷ 1790 setzte der Magistrat der Stadt Trier unter dem Eindruck

---

¹⁴ Vgl. dazu Schreiber (Hg.), Wallfahrt und Volkstum; Bernd Möller, Frömmigkeit in Deutschland um 1500, in: Archiv für Reformationsgeschichte 56 (1965), S. 5–31; Edith Ennen, Stadt und Wallfahrt in Frankreich, Belgien, den Niederlanden und Deutschland, in: Festschrift Matthias Zender, Bonn 1972, S. 1057–1075, sowie neuerdings ganz besonders Bernhard Schneider, Bruderschaften im Trierer Land. Ihre Geschichte und ihr Gottesdienst zwischen Tridentinum und Säkularisation, Trier 1989.

¹⁵ Andreas Schüller, Das Prozessionswesen im Trierischen vor der großen Französischen Revolution, in: Pastor Bonus 50 (1939), S. 139.

¹⁶ Zit. ebda., S. 138, 141.

¹⁷ Vgl. Johann Christian Lager, Soziale Unruhen in Trier vor der Französischen Revolution, in: Trierische Chronik, N.F. 8 (1912), S. 76–79, 116–120, 140–144, 9 (1913), S. 15–22, 54–57, 116–124. Vgl. auch Friedrich Rudolph / Gottfried Kentenich, Quellen zur Rechts- und Wirtschaftsgeschichte der rheinischen Städte I, Trier/Bonn 1915, S. 701, sowie neuerdings vor

dieser Unruhen bei Clemens Wenzeslaus die Rückführung des in die Festung Ehrenbreitstein ausgelagerten *Heiligen Rockes* nach Trier durch. Eine öffentliche Ausstellung kam allerdings infolge der weiteren Revolutionsereignisse nicht zustande.[18]

Wenn der Trierer Bischof Mannay 1810 mit Unterstützung Napoleons eine Wallfahrt zum *Heiligen Rock* organisierte, so war das kein Startsignal für die Wiederaufnahme der freien Wallfahrten. Auch die Franzosen suchten die Prozessionstätigkeit in den von ihnen besetzten Gebieten des alten Reiches einzuschränken. Durch Konsularbeschluß vom 9. Juni 1802 wurden die geistlichen Korporationen in den rheinischen Departements aufgelöst. Die als „arlequinades sacerdotales et rassemblées fanatiques" angesehenen Prozessionen wurden überall bekämpft.[19] Erst in der Übergangszeit von der französischen zur preußischen Herrschaft lebte das unkontrollierte Wallfahrtswesen in den linksrheinischen Gebieten der ehemaligen geistlichen Kurfürstentümer Köln und Trier wieder auf. Die unterdrückten Bruderschaften formierten sich neu. Zu einer allgemeinen Wallfahrtsbewegung kam es jedoch bis Ende der dreißiger Jahre keinesfalls. Eher war das Gegenteil der Fall. Es wäre deshalb kurzschlüssig, die organisierte Rockwallfahrt von 1844 ohne weiteres in der volksfrommen Kontinuität einer von unten kommenden religiösen Bewegung zu sehen. Die katholische Kirchenführung des Rheinlandes stellte sich nämlich in den zwanziger Jahren bewußt gegen einen volksreligiösen Aufschwung. Das geschah vor allem auf Druck des restaurativen preußischen Staates, der nach 1815 auf der spätabsolutistischen Konzeption eines Staatskirchentums beharrte. Die in der Zeit der Französischen Revolution durch die Maßnahmen der Säkularisation in ihren ökonomischen und sozialen Grundlagen entscheidend getroffene katholische Kirche des Rheinlandes war anfangs kaum in der Lage, sich gegen diese obrigkeitsstaatliche Gängelung zu wehren. Der Wiederaufbau der Kirchenorganisation sowie die Beschaffung und dauerhafte Sicherung von Finanzmitteln standen im Vordergrund der kirchlichen Aktivität. Im übrigen standen sowohl der Kölner Erzbischof August Graf Spiegel als auch sein Trierer Amtskollege Joseph von Hommer, beide noch vom Geist der Aufklärung

---

allem Guido Groß, Prozessionen und Wallfahrten nach Trier im Widerstreit geistiger Strömungen und ökonomischer Interessen, in: Zwischen Andacht und Andenken, S. 79–88.

[18] J(akob) Marx, Geschichte des heil. Rockes in der Domkirche zu Trier, Trier 1844, S. 116; Beissel, Geschichte der Trierer Kirchen Bd. 2, S. 291.

[19] Vgl. Jakob Torsy, Geschichte des Bistums Aachen während der französischen Zeit (1802–1814), Bonn 1840, S. 23, 222; das Zitat bei Ludwig Bergmann, Wallfahrtsorte und Wallfahrtsbrauchtum am unteren Niederrhein, phil. Diss. Bonn 1949 (masch.), S. 97.

geprägt, der preußischen Praxis des restaurativen Staatskirchentums im ganzen positiv gegenüber.[20] So verwundert es nicht, daß rheinische Kirchenführung und preußische Staatsregierung in den zwanziger und beginnenden dreißiger Jahren bei der Niederhaltung der Wallfahrtsbewegung in der Rheinprovinz zusammenwirkten.

Man ging hierbei auf staatlicher Seite systematisch vor, nachdem sich Anfang der zwanziger Jahre gezeigt hatte, daß die ersten preußischen Verordnungen zum Wallfahrtswesen von 1816/17 weitgehend unwirksam geblieben waren.[21] Der preußische Kultusminister von Altenstein veranlaßte im August 1825 eine umfassende statistische Bestandsaufnahme aller Wallfahrten in der Rheinprovinz. Er verlangte von sämtlichen Regierungspräsidenten der Rheinprovinz „ein möglichst genaues Verzeichnis der in ihrem Bezirk vorfallenden öffentlichen Wallfahrten, mit Angabe der Ortsentfernung, der ungefähren Zahl der Theilnehmer, die [sic!] Zeit, die auf die Wallfahrten verwendet zu werden pflegt und die [sic!] Jahreszeit, in welcher selbige abgehalten wird".[22] Aufgrund der mühevollen, weitgehend nur auf Schätzungen beruhenden Recherchen der Regierungspräsidenten ergab sich, daß in der Rheinprovinz Mitte der zwanziger Jahre jährlich etwa 150 000 Menschen auf religiöse Pilgerfahrt gingen, bei einer Gesamtbevölkerung von 2 203 000 im Jahre 1828.[23]

---

[20] Vgl. Walter Lipgens, Ferdinand August Graf Spiegel und das Verhältnis von Kirche und Staat 1789–1835, 2 Bde., Münster 1965, der freilich bei Spiegel eine Wende vom „Staatskirchenrecht" zur „Kirchenfreiheit" erkennen zu können glaubt. Ferner: Alois Thomas, Die liturgische Erneuerungsbewegung im Bistum Trier unter Bischof von Hommer (1824–1836), in: Hermann Ries (Hg.), Festschrift für Alois Thomas. Archäologische kirchen- und kunsthistorische Beiträge, Trier 1967, S. 345–358; Alexander Schnütgen, Das religiös-kirchliche Leben im Rheinland unter den Bischöfen Graf Spiegel und von Hommer, in: Niederrheinische Annalen 119 (1931), S. 121–163. Vgl. auch Alois Thomas (Hg.), Joseph Hommer 1760–1836. Mediationes in Vitam Meam Percatam. Eine Selbstbiographie, Mainz 1986.

[21] Vgl. Landeshauptarchiv Koblenz, Abt. 403, Nr. 16003: Landrat Bonn an Oberpräs. der Rheinprovinz, 26. Sept. 1822, und Reg. Präs. Koblenz an Kultusminister von Altenstein, 3. Sept. 1824.

[22] Landeshauptarchiv Koblenz, Abt. 403, Nr. 16003: Kultusminister von Altenstein an Oberpräs. von Ingersleben, 28. Aug. 1825.

[23] Die Zahl von 150 000 Pilgern gibt nach „einem mäßigen Überschlage" der Oberpräsident von Ingersleben in seinem zusammenfassenden Bericht an den Erzbischof von Köln, Graf Spiegel, vom 15. Aug. 1826 an. Vgl. Landeshauptarchiv Koblenz, Abt. 403, Nr. 16003. Hier auch die Berichte der Reg. Präs. an den Oberpräs.: Koblenz (3. Sept. 1824 u. 24. Juli 1826), Köln (3. Nov. 1825), Aachen (17. Dez. 1825), Trier (19. Jan. 1826) und Düsseldorf (24. März 1826) mit Zahlenangaben. Die Angabe für die Gesamtbevölkerung der Rheinprovinz im Jahre 1828 bei Walther Tuckermann, Landeskunde der Rheinprovinz, in: Joseph Hansen (Hg.), Die Rheinprovinz 1815–1915. Hundert Jahre preußischer Herrschaft am Rhein, Bd. 1, Bonn 1917, S. 84.

Der Schriftwechsel der Behörden läßt erkennen, daß die Regierung das Wallfahrtswesen weniger unter kirchenpolitischem als vielmehr unter Gesichtspunkten der Staatssicherheit und der Wirtschaftlichkeit ansah. Man berechnete umständlich, daß die pilgernden Untertanen 75 000 Taler im Jahr ausgäben, den Ausfall des „stilliegenden Erwerbs" nicht gerechnet.[24] Vor allem fürchtete man aber, daß die unkontrollierte Bewegung der „niederen Volksklassen" die Staatssicherheit gefährden könne. Die Raison des „intelligenten Beamtenstaates" (Altenstein) lief darauf hinaus, die Wallfahrten durch indirekte Maßnahmen zum Erliegen zu bringen. In einem Erlaß Altensteins für die Düsseldorfer Regierung vom 7. Februar 1839 heißt es wörtlich: „Insofern Wallfahrten wirklich ein Uebel sind, müssen sie von Innen, durch Beförderung einer neueren Erkenntniß bekämpft werden. Der äußere Kampf macht leicht das Uebel ärger und man liefe Gefahr, den Fanatismus der untersten Volksklassen durch unmittelbaren Angriff auf seine [sic!] religiösen Interessen gegen die Staatsregierung zu reitzen, was zumal jetzt zu vermeiden ist".[25]

Die von Altenstein gewünschte Aufklärungsarbeit bei den potentiellen Pilgermassen konnte nur der katholische Klerus leisten. In der Tat waren Spiegel und Hommer in dieser Hinsicht bereit, die Erwartungen des Staates zu erfüllen. Schon im Mai 1826 hatte Spiegel in einem Hirtenbrief den Angehörigen seiner Diözese das Wallfahren mit dem theologischen Aufklärungsargument auszureden versucht, daß „Gott und seine Heiligen" an keinen Ort gebunden seien. In voller Übereinstimmung mit der Regierung warnte er sowohl vor der „Vernachlässigung der Berufs- und Standespflichten" wie vor „rohesten Ausschweifungen".[26] Ähnlich, wenn auch zurückhaltender, suchte Hommer 1827 seine Kirchengläubigen von Wallfahrten abzuhalten, weil diese „immodestiis et excessibus scandalosis" Tor und Tür öffneten.[27] Durch Fragebogenaktionen versuchte er sich bei seinen Pfarrern ein Bild über Existenz und Aktivität von Bruderschaften sowie von der Ausdehnung der Prozessionstätigkeit zu machen, um dadurch Beurteilungskriterien für eine strengere Wallfahrtsüberwa-

---

[24] Landeshauptarchiv Koblenz, Abt. 403, Nr. 16003: Oberpräs. von Ingersleben an Erzbischof von Köln, Graf Spiegel, 15. Aug. 1826.

[25] Landeshauptarchiv Koblenz, Abt. 403, Nr. 16003: Kultusminister von Altenstein an Reg. Präs. Düsseldorf, 7. Febr. 1839.

[26] Landeshauptarchiv Koblenz, Abt. 403, Nr. 16003: Gedruckter Text des Hirtenbriefes vom 12. Mai 1826.

[27] Blattau, Statuta, Bd. 8, S. 92.

chung in die Hand zu bekommen.[28] In einem Brief faßte Spiegel das Ziel der gemeinsamen Anstrengungen von preußischer Regierung und katholischer Hierarchie im Rheinland zusammen: „Andacht und Frömmigkeit werden genähret, Ordnung, Fleiß und Arbeit im häuslichen Wesen werden nicht unterbrochen, Kosten ersparet und der Veranlassungen zu unsittlichen Verirrungen gibt es weniger".[29]

Die einträchtig ablehnende Haltung von preußischer Staatsregierung und rheinischer Kirchenhierarchie gegenüber dem Massenphänomen des Wallfahrens hatte bis 1836, dem Todesjahr Spiegels und Hommers, Bestand. Es ist bekannt, daß die katholische Kirche im Rheinland in diesem Jahr in einen kirchenpolitischen Grundsatzkonflikt mit dem preußischen Polizei- und Beamtenstaat geriet, der sie auf die Seite von dessen Gegnern zu drängen schien. Aus diesem Konflikt ragen die sogenannten *Kölner Wirren* besonders heraus, während derer es 1837 zur Gefangensetzung des Kölner Erzbischofs Droste zu Vischering durch preußische Behörden kam.[30] Weniger bekannt ist, daß es genau im gleichen Zeitraum auch schon von den Zeitgenossen so genannte „Trierische Wirren" gab.[31] In Trier dauerte es sechs Jahre, bis nach dem Tode Hommers mit Wilhelm Arnoldi ein neuer Bischof gewählt und bestätigt werden konnte,[32] in Köln ging es ebensolange um die Frage der sogenannten Mischehen: In beiden Fällen stand das staatliche Interventionsrecht bei Amts-

---

[28] Vgl. Joachim Schiffhauer, Das Wallfahrtswesen im Bistum Trier unter Bischof Joseph von Hommer (1824–1830), in: Festschrift für Alois Thomas, S. 345–358; ergänzend den gedruckten Fragenkatalog vom 11. Febr. 1826 zum „Bruderschaftswesen" im Landeshauptarchiv Koblenz, Abt. 403, Nr. 10 447.

[29] Landeshauptarchiv Koblenz, Abt. 403, Nr. 16003: Erzbischof Graf Spiegel an Oberpräs. von Ingersleben, 11. Juni 1826; vgl. auch ebda.: Erzbischof Graf Spiegel an Oberpräs. von Ingersleben, 20. März, 23. und 27. April 1826, Oberpräs. von Ingersleben an Erzbischof Graf Spiegel, 15. und 26. Aug. 1826. Vgl. dazu neuerdings detailliert Wilfried Evertz, Seelsorge im Erzbistum Köln zwischen Aufklärung und Restauration 1825–1835, Köln 1993, bes. S. 171–174. Ferner auch Sperber, Popular Catholicism, S. 18–30.

[30] Rudolf Lill, Die Beilegung der Kölner Wirren 1840–1842, Düsseldorf 1962. Eine sozialgeschichtliche Analyse des Kirchenkonfliktes steht noch aus.

[31] Landeshauptarchiv Koblenz, Abt. 403, Nr. 7496: Kultusminister Altenstein an Oberpräs. Bodelschwingh, 25. Nov. 1839. Altenstein hoffte auf ein „baldiges befriedigtes End-Resultat dieser Trierischen Wirren", womit er die seit 1836 überfällige Wahl eines neuen Bischofs meinte.

[32] Vgl. dazu Friedrich Keinemann, Die Trierer Bischofswahl (1836–1842). Vorgänge und Problematik, in: Kurtrierisches Jahrbuch 12 (1972), S. 103–117 und Christoph Weber, Aufklärung und Orthodoxie am Mittelrhein 1820–1850, München 1973, S. 17, 113. Beide Autoren haben allerdings nicht den zitierten Faszikel im Landeshauptarchiv Koblenz (Abt. 403, Nr. 7496) benutzt, obwohl dieser die gesamten preußischen Akten zur Wahl Arnoldis enthält.

handlungen der Kirche in Frage, welche die katholische rheinische Kirchenführung zu inneren Angelegenheiten erklärte. Dieser Zusammenprall kirchlicher und staatlicher Herrschaftsansprüche kam nicht aus heiterem Himmel. Er muß bekanntlich mit der innerkirchlichen Auseinandersetzung zwischen traditionalistisch-strengkirchlichen und spätabsolutistisch-staatskirchlichen Strömungen, hierarchisch gesprochen, zwischen *Ultramontanismus* (d. h. romtreuem Zentralismus) und *Staatsepiskopalismus* in Zusammenhang gebracht werden. Mit dem Sieg der Ultramontanen in der rheinischen Kirchenführung entwickelte die katholische Kirche gegenüber der preußischen Regierung ein Eigenständigkeitsbewußtsein, das die an staatskirchliche Subordination gewöhnte preußische Bürokratie zunächst als staatsgefährdende Herausforderung mißverstand. Teile des rheinischen Bürgertums sahen daraufhin die Stunde gekommen, in der sich nunmehr auch in Deutschland nach französischem und vor allem belgischem Vorbild die Verbindung von Liberalismus und Kirche anbahnen könnte.[33] In Wahrheit stand für die katholische Kirche weder das eine noch das andere zur Diskussion. Katholische Kirchenführung und Staatsregierung in Preußen blieben vielmehr ungeachtet aller Konflikte durchaus auf konservativer Basis verbunden gegenüber den sie vermeintlich bedrohenden Kräften der Revolution. Durch den Kölner und den Trierer Konflikt änderten sich lediglich die Modalitäten der Zusammenarbeit. Nicht mehr die Subordination der Kirche unter den Staat, sondern die gleichberechtigte Kooperation beider kam künftig in Frage. Die Theorie des Bündnisses von *Thron und Altar* hatte hier ihre Wurzel.

Eingeleitet wurde die Wende im Verhältnis von preußischem Staat und katholischer Kirche ohne Zweifel durch den Regierungsantritt König Friedrich Wilhelm IV. Beeinflußt vom Geist der Romantik schwebte dem Preußenkönig bekanntlich ein Zusammengehen von Kirchen und Monarchie in einem „christlichen Staat" vor.[34] Das von ihm initiierte Kölner Dombaufest von 1842 sollte dieser kirchenpolitischen Kooperation demonstrativ den Weg

---

[33] Vgl. Martin Schmidt, Georg Schwaiger (Hg.), Kirchen und Liberalismus im 19. Jahrhundert, Göttingen 1976; Frank Eyck, Liberalismus und Katholizismus in der Zeit des deutschen Vormärz, in: Wolfgang Schieder (Hg.), Liberalismus in der Gesellschaft des deutschen Vormärz, Göttingen 1983, S. 133–146; Dieter Langewiesche, Deutscher Liberalismus im 19. Jahrhundert, Göttingen 1988, S. 11–19, sowie neuerdings vor allem Thomas Mergel, Zwischen Klasse und Konfession. Katholisches Bürgertum im Rheinland 1794–1914, Göttingen 1994.

[34] Vgl. dazu neuerdings Walter Bußmann, Zwischen Preußen und Deutschland. Friedrich Wilhelm IV. Eine politische Biographie, Berlin 1990; Dirk Blasius, Friedrich Wilhelm IV. Psychopathologie und Geschichte, Göttingen 1992.

bahnen.³⁵ Weniger beachtet wurde bisher, daß auch die Trierer Wallfahrt von 1844 die neue Konstellation im Kräftefeld von Revolution und konservativer Beharrung anzeigte. Schließlich fand die auf bischöfliches Bestreben organisierte Massenwallfahrt nicht gegen staatlichen Einspruch, sondern mit ausdrücklicher Billigung der preußischen Regierung statt.

Die Wallfahrt zu der Trierer Domreliquie wurde 1844 durch den Bischof Wilhelm Arnoldi in die Wege geleitet. Von manchen Biographen ist Arnoldi zur unpolitischen *anima candida* stilisiert worden.³⁶ Doch er war dies keineswegs.³⁷ Dagegen spricht allein schon die Sorgfalt, mit der er das Wallfahrtsunternehmen publizistisch vorbereiten ließ. In Flugschriften, Traktätchen, Zeitungsartikeln und vor allem Predigten wurde seit dem Frühjahr 1844 innerhalb und außerhalb des Bistums Trier für das Unternehmen Stimmung gemacht.³⁸ Besondere Anstrengungen verwendete Arnoldi auf die Beeinflussung der Presse. Die bürgerlich-radikale „Triersche Zeitung", deren kritische Haltung zu der kirchlichen Wallfahrtspolitik Arnoldi bekannt war, setzte er dadurch unter Druck, daß er den Klerus und katholische Honoratioren der Stadt Trier zum Boykott bewog.³⁹ Der drohende Verlust der katholischen Abonnenten veranlaßte die Zeitung, sich in der Wallfahrtsangelegenheit so sehr zurück-

---

³⁵ Zum Kölner Dombaufest vgl. Hugo Borger (Hg.), Der Kölner Dom im Jahrhundert seiner Vollendung. Katalog zur Ausstellung der historischen Museen in der Josef-Haubrich-Kunsthalle Köln, 16. Oktober 1980 bis 11. Januar 1981, 2 Bde., Köln 1980; Otto Dann (Hg.), Religion – Kunst – Vaterland. Der Kölner Dom im 19. Jahrhundert, Köln 1983; Norbert Trippen, Das Kölner Dombaufest 1842 und die Absichten Friedrich Wilhelm IV. von Preußen bei der Wiederaufnahme der Arbeiten am Kölner Dom – Eine historische Reflexion zum Dombaufest 1980, in: Annalen des historischen Vereins für den Niederrhein 182 (1979), S. 99–115.

³⁶ J(ohann) Kraft, Wilhelm Arnoldi, Bischof von Trier. Ein Lebensbild, Trier 1865; Franz Xaver Kraus, Wilhelm Arnoldi, in: ADB 1, 1875, S. 593–595; Alois Thomas, Arnoldi, Wilhelm (1798–1864), in: Gatz (Hg.), Bischöfe, S. 13–15.

³⁷ Frühwald, Wallfahrt, S. 371.

³⁸ Vgl. z. B. Joseph Balduin Schreiner, Predigt über die heil. Reliquie des Rockes unseres Herrn Jesu Christi, aufbewahrt in der Domkirche zu Trier, gehalten am Sonntage den 11. August 1844, Koblenz 1844.

³⁹ Johannes Schuth, Die Trierer Wallfahrt von 1844 und ihr Einfluß auf die Entstehung der katholischen Presse, in: Trierer Theologische Zeitschrift 59 (1950), S. 376 f.; Joseph Hansen (Hg.), Rheinische Briefe und Akten zur Geschichte der politischen Bewegung 1830–1850, Bd. 1, Essen 1919, S. 698 f. Allgemein zur Trierschen Zeitung Dieter Dowe, Die erste sozialistische Tageszeitung in Deutschland. Der Weg der „Trierschen Zeitung" vom Liberalismus über den „wahren Sozialismus" zum Anarchismus (1840–1850), in: Archiv für Sozialgeschichte 12 (1972), S. 55 ff., zur Auflagenentwicklung, S. 61–63; James Strassmaier, Karl Grün und die Kommunistische Partei 1845–1848, Trier 1973.

zuhalten,[40] daß ihr von den ebenfalls radikalen „Sächsischen Vaterlandsblättern" Beschönigung und Gutheißung sowie „gleisnerische und zweideutige Reden" vorgeworfen wurden.[41] Schon 1843 war die Koblenzer „Rhein- und Moselzeitung" durch einen ähnlichen Boykott dazu gezwungen worden, sich dem Einfluß des streng kirchlichen Koblenzer Intellektuellenzirkels um Hermann Joseph Dietz zu öffnen. Der entscheidende Redaktionswechsel fand jedoch bezeichnenderweise im Juni 1844 statt.[42] Die neue ultramontane Linie der Zeitung trat daher erstmals während des Trierer Wallfahrtsunternehmens voll in Erscheinung.[43] Daß diese publizistische Hilfestellung mit Arnoldis Vorhaben abgestimmt war, ist so gut wie sicher,[44] obwohl das Verhältnis der Koblenzer kirchenpolitischen Aktivisten zu ihrem Bischof nicht spannungslos war.[45] Auch bei der Petition Trierer Bürger von Ende 1844, in der – vergeblich – die Aufhebung des in Preußen bestehenden Verbots der „Historisch-

---

[40] Triersche Zeitung, 1844, Nr. 224 (11. Aug.), Nr. 233 (20. Aug.), Nr. 236 (23. Aug.), Nr. 239 (26. Aug.), Nr. 240 (27. Aug.), Nr. 241 (28. Aug.), Nr. 245 (1. Sept.), Nr. 247 (3. Sept.), Nr. 256 (12. Sept.), Nr. 259 (15. Sept.), Nr. 269 (25. Sept.), Nr. 278 (4. Okt.), Nr. 282 (8. Okt.).

[41] Sächsische Vaterlandsblätter, 21. Sept. 1844, zit. in: Heil.-Rock-Album, S. 44. Ähnlich auch die Breslauer Zeitung „Herold", zit. in: Heil.-Rock-Album, S. 110: „Ja die Triersche Zeitung – sie, die sonst des Monopols der Vernünftigkeit und Aufklärung rühmt – versuchte in mehren [sic!] Artikeln die Anbetung des h. Rockes zu rechtfertigen und zu erklären, freilich mitunter in einer Weise, die wohl nicht ganz im Sinne der Urheber jener Wallfahrten gewesen sein mag, und nicht mit Unrecht hat man ihnen dies Schweigen als ein Zeichen der Furchtsamkeit und Nachgiebigkeit gegen die ihre Umgebungen beherrschenden ultramontanen Tendenzen ausgelegt."

[42] Friedrich Mönckmeier, Die Rhein- und Moselzeitung. Ein Beitrag zur Entstehungsgeschichte der katholischen Presse und des politischen Katholizismus in den Rheinlanden, Bonn 1912, S. 28 ff., 81 ff.; Hansen, Rheinische Briefe, Bd. 2,1; Bonn 1942, S. 271; Karl Kruchen, Zensur und Zensoren an rheinischen Zeitungen in der vormärzlichen Zeit, Düsseldorf 1928, S. 180; Rudolph Pesch, Die kirchlich-politische Presse der Katholiken in der Rheinprovinz vor 1848, Mainz 1966, S. 22; allgemein Weber, Aufklärung, S. 25 ff., 88 ff.

[43] Rhein- und Moselzeitung, 29. und 31. Aug., 6. und 9. Okt., 24., 27. und 28. Nov. 1844, abgedruckt in: Heil.-Rock-Album, S. 33, 33 f., 53 f., 60, 137–139, 144 f., 147 f. – Ein Exemplar des Jahrgangs 1844 der Zeitung konnte bisher nicht aufgefunden werden.

[44] Vgl. Schuth, Trierer Wallfahrt, S. 377; Mönckmeier, Rhein- und Moselzeitung, S. 12.

[45] Dietz hatte vor 1842 gegen Arnoldi intrigiert, offenbar weil dieser ihm schon als zu liberal erschien. Vgl. Weber, Aufklärung, S. 113 f. Nach Arnoldis Wahl zum Bischof bahnte sich eine Zusammenarbeit an, nachdem der Trierer Generalvikar J. G. Müller die Koblenzer „Bruderschaft des lebendigen Rosenkranzes" anerkannt hatte, die sich unter Bischof von Hommer vergeblich um eine kanonische Legalisierung bemüht hatte. Vgl. ebda., S. 108 f. Im Sommer 1844 war in der Presse von neuen Spannungen zwischen Arnoldi und den Koblenzer Ultramontanen die Rede. Vgl. Mönckmeier, Rhein- und Moselzeitung, S. 12.

Politischen Blätter" gefordert wurde, hatte der Trierer Bischof offensichtlich seine Hände im Spiel. Unter den Unterzeichnern befinden sich auffallend viele Geistliche, an der Spitze der Domkapitular Müller.[46] Das wichtigste politische publizistische Manöver führte Arnoldi jedoch in Luxemburg aus. Auf Initiative des dortigen Apostolischen Vikars Johann Theodor Laurents hin begann hier am 1. Juli 1844 die „Luxemburger Zeitung" zu erscheinen.[47] Arnoldi scheint sich an diesem Unternehmen nicht nur finanziell beteiligt zu haben, er warb auch August Reichensperger, der erst im Februar 1844 von Köln nach Trier versetzt worden war, als Mitarbeiter der neuen Zeitung an.[48] Im übrigen hatte er wohl die Hoffnung, mit dieser Zeitungsgründung die restriktive preußische Pressepolitik unterlaufen zu können. Der Antrag, die Redaktion der „Luxemburger Zeitung" nach Trier zu verlegen, wurde allerdings im November 1844 vom preußischen Innenminister Graf von Arnim abgelehnt.[49] Von der „Trierschen Zeitung" als „die ergötzlichste Curiosität des 19. Jahrhunderts" apostrophiert,[50] war die „Luxemburger Zeitung" jedoch während der Rockwallfahrt das wichtigste publizistische Organ der Trierer Kirchenführung.[51]

Noch offener als in seiner Pressepolitik, bei der er weitgehend im Hintergrund blieb, trat das politische Temperament Arnoldis in seinen Predigten und Hirtenbriefen zutage. Er besaß eine ausgesprochen agitatorische Begabung, so daß es 1842 hieß, er habe sich zum Bischof gepredigt.[52] Seine Predigten beschränkten sich keineswegs auf fromme Erbauung im kirchlichen Sinne, Arnoldi nahm vielmehr mit Entschiedenheit zu politischen Fragen Stellung. So läßt vor allem sein Fastenzyklus von Predigten aus dem Jahre 1839 einen

---

[46] Mönckmeier, Rhein- und Moselzeitung, S. 21, 144.

[47] Ebda., S. 120 ff.; E(rnest) Gregoire, Impuissance d'une constitution pour protéger le droit contre une administration, disposant de la censure et des tribunaux, Nancy 1845; Pesch, Presse, S. 22.

[48] Alfons Maria von Steinle, Eduard von Steinle und August Reichensperger in ihren gemeinsamen Bestrebungen für die christliche Kunst, Köln 1890, S. 36; Gottfried Kentenich, Geschichte der Stadt Trier von ihrer Gründung bis zur Gegenwart, Trier 1915, S. 807; Emil Zenz, Trierer Zeitungen, Trier 1952, S. 49.

[49] Hansen, Rheinische Briefe, Bd. 1, S. 659 f.

[50] Triersche Zeitung, Nr. 187 (5. Juli 1844).

[51] Zur Unterstützung der Trierer Wallfahrt durch die Mainzer Zeitung „Der Katholik" vgl. Helmut Schwalbach, Der Mainzer „Katholik", theol. Diss. Mainz 1966, S. 80.

[52] F. X. Kraus, Arnoldi, S. 593. Dazu Frühwald, Wallfahrt, S. 372.

entschieden antirevolutionären, konservativ-traditionalistischen Standpunkt erkennen. Hier polemisierte er gegen das „greuliche Gespenst – Revolution", attackierte er die „Feinde der Religion" mit „ihren hohlen Phrasen von Volksglück und Freiheit" und verdammte er die „schwärmerischen, irreligiösen oder herrschsüchtigen Partheimenschen".[53] Die Kritiker der Wallfahrt, und vor allem die deutschkatholische Gegenbewegung Ronges, fertigte er in seinem Hirtenbrief vom 6. Januar 1845 als „Handlanger des Unglaubens und der Revolution" ab.[54] Aus dieser gegenrevolutionären Haltung heraus konnte er die Kirche als Garanten des monarchistischen Staates empfehlen: „Die heilige Autorität der Kirche ist das große Bollwerk für den Thron des Fürsten; und so lange der Katholik ein treues Kind seiner Kirche ist, wird er auch ein treuer Unterthan sein. Denn die mütterliche Kirche warnt unablässig vor den irreligiösen und staatsgefährlichen Grundsätzen, die bald geheimer, bald offener unter manchen Farben in die Gesellschaft eindringen und Gärung verursachen."[55]

Es muß offen bleiben, ob Arnoldi den Schritt vom Propagandisten zum Aktivisten gegenrevolutionärer Kirchenpolitik aus eigenem Antrieb getan hat. Gegenüber seinem eigenen Domkapitel, den Bistumsangehörigen sowie gegenüber den preußischen Regierungsbehörden berief er sich 1844 darauf, daß das „fromme Verlangen" nach einer Wallfahrt vielfach an ihn herangetragen worden sei.[56] Tatsächlich ist nicht daran zu zweifeln, daß die Erinnerung an

---

[53] J(ohann) Kraft (Hg.), Fastenpredigten des Bischofs Wilhelm Arnoldi, 2. Cyklus: Die Kirche, Trier 1867, S. 41 f.

[54] Blattau, Statuta, Bd. 9, S. 58.

[55] Kraft (Hg.), Fastenpredigten, S. 41.

[56] Bistumsarchiv Trier, Abt. 91, Nr. 227, Blatt 15: Bischof Arnoldi an das hochwürdige Domcapitel zu Trier, 16. April 1844: „Seit einem Jahre haben Geistliche und Laien vielfach den Wunsch ausgesprochen, daß der H. Rock U. H. J. X., der seit dem September 1810 nicht mehr gezeigt worden ist, wieder einmal zur öffentlichen Verehrung möchte ausgestellt werden." – Landeshauptarchiv Koblenz, Abt. 442, Nr. 6796: Bischof von Trier, Wilhelm Arnoldi, an Oberpräs. der Rheinprovinz, von Schaper, 19. April 1844: „Schon seit mehreren Jahren ist der Wunsch nicht allein in der Stadt Trier, sondern auch anderwärts im Bisthum laut geworden, daß endlich einmal wieder den Gläubigen die Freude zutheil werde, dieses theuere Andenken an den Erlöser zu schauen und zu verehren." Blattau, Statuta, Bd. 9, S. 47: Circulare ad parochos diocesis Treverensis, 6. Juli 1844: „Der hochwürdigen Geistlichkeit und sämmtlichen Gläubigen des Bisthums Trier freuen wir uns die erwünschte Kunde zu geben, daß unser hochwürdigster Herr Bischof dem vielfach ausgesprochenen frommen Verlangen der Bisthumsangehörigen, das in der hiesigen Domkirche aufbewahrte unschätzbare Kleinod des ungenäheten Rockes unseres Herrn und Heilandes Jesu Christi zu schauen und zu verehren, noch im Laufe dieses Jahres zu entsprechen sich entschlossen hat."

die Wallfahrt von 1810 im Trierer Raum in der preußischen Zeit lebendig geblieben ist.[57] Ohne eine zwar unterdrückte, aber gleichwohl latente volksreligiöse Aufbruchsstimmung wäre Arnoldi sicherlich nicht auf die Idee gekommen, die Wallfahrt zum *Heiligen Rock* für eine Vitalisierung der kirchlichen Religiosität zu nutzen.[58] Schon Bischof von Hommer scheint aus diesem Grunde die Frage einer Neuinszenierung der Wallfahrt ventiliert zu haben. Er sah sich jedenfalls zu so eingehender Beschäftigung mit dem *Heiligen Rock* veranlaßt, daß dabei eine kleine Schrift herauskam.[59] In dieser stellte er sich die Frage, ob „die Sache auch aecht" sei. Seine Antwort lautete: „Völlige Gewißheit über die Aechtheit des heil. Rockes dürfen wir also nicht fordern."[60] Diese vorsichtig distanzierte Beurteilung stimmt mit seiner Einstellung gegenüber dem Wallfahrtswesen insgesamt durchaus überein. Es erscheint daher glaubhaft, daß er sich stets geweigert haben soll, in Trier eine neue Rockausstellung zu veranstalten.[61]

Hommers Einsicht, daß das Wallfahren „nie ganz zu beseitigen" sei,[62] bestätigte sich jedoch auch im Falle des Trierer Rockes. Nach seinem Tode begann in Trier erneut die Diskussion über eine neue Domwallfahrt. Wenigstens führt eine Spur zurück bis zum Jahre 1841 in der Zeit des Bischofsinterregnums. Im Juli dieses Jahres löste die „Triersche Zeitung" eine heftige Auseinandersetzung über den religiösen Sinn des Wallfahrtswesens aus. Der katholische Pfarrer Peter Alois Licht aus dem kleinen Moselort Leiwen nördlich

---

[57] Vgl. J. Marx, Geschichte, S. 1 f.

[58] Vgl. dazu die allgemeinen Überlegungen von Werner K. Blessing, Kirchenfromm – volksfromm – weltfromm. Religiosität im katholischen Bayern des späten 19. Jahrhunderts, in: Wilfried Loth (Hg.), Deutscher Katholizismus im Umbruch zur Moderne, Stuttgart 1991, S. 95–123.

[59] Hommer verfaßte das Manuskript dieser Schrift im Jahr 1834. Es wurde erstmals posthum als Aufsatz in der in Koblenz erscheinenden Zeitschrift für Philosophie und katholische Theologie 7 (1838), S. 192–208, veröffentlicht. Nach Angabe der Redaktion (S. 192) wurde das Manuskript nach Hommers Tode „von seinen Freunden" der Zeitschrift übersandt. Im folgenden Heft 26 der Zeitschrift (S. 191–204) wurden „Beilagen zu der Geschichte des h. Rockes unseres Heilandes im 25. Heft" veröffentlicht, darunter u.a. das Wallfahrtsstatut Mannays von 1810. 1844 erschien der Hommersche Aufsatz in einem Trierer Verlag als Einzelbroschüre. Der Titel lautete: Geschichte des h. Rockes unseres Heilandes verfaßt von dem Bischofe von Trier Joseph von Hommer bei Gelgenheit der Jubelfeier des Hrn. Weihbischofs Dr. Günther im Jahre 1834, Trier 1844.

[60] Hommer, Geschichte, S. 3.

[61] So die Sächsischen Vaterlandsblätter vom 21. Nov. 1844, vgl. Heil.-Rock-Album, S. 128.

[62] Zit. bei Schiffhauer, Wallfahrtswesen, S. 356.

von Trier, der schon 1831 in der Bewegung der sogenannten Trierer Reformpriester hervorgetreten war,[63] kritisierte in der Zeitung die Wallfahrten als „religiösen Unsinn" und als „Ironie auf den denkenden Katholiken".[64] Auf eine knappe Verteidigung folgten weitere, meist polemische Zuschriften von Wallfahrtsgegnern.[65] Dagegen lehnte die Zeitung eine längere Erwiderung des Trierer Professors für Kirchengeschichte, Jakob Marx, ab, in der dieser, propagandistisch geschickt, eine wallfahrtsfreundliche Gegenposition bezogen hatte. Marx sah sich genötigt, den verschmähten Artikel als Flugschrift zu veröffentlichen.[66] Seine gewiß taktisch angepaßte,[67] aber doch die grundsätzliche Position eindeutig markierende Argumentation lief nicht auf eine bedingungslose Verteidigung des katholischen Wallfahrtskultes hinaus. Er ordnete die Wallfahrten dem Pfarrgottesdienst unter und bezeichnete sie als „nicht nothwendig zum Seelenheile". Sofern „das Wallfahren" jedoch durch Geistliche überwacht und vor Auswüchsen bewahrt wurde, hatte er nichts dagegen einzuwenden. Er hielt es, „wohl geleitet", vielmehr für nützlich.[68] Weder bei Marx noch bei seinem Widersacher Licht finden sich offene Hinweise auf den *Heiligen Rock* als Wallfahrtsziel. Es fällt jedoch auf, daß beide schon 1841 die ideologischen Gegenpositionen bezogen, die 1844 die innerkirchliche Diskussion über die Trierer Rockwallfahrt bestimmt haben: die Distanz einer theologisch und philosophisch gebildeten Priesterkaste gegenüber laienhaften Kultgebräuchen breiter Schichten bei Licht, der Gedanke einer Kontrolle und kirchenpolitischen Ausnutzung dieser Laienbräuche bei Marx. Beide vertieften sich auch sogleich in auffälliger Weise weiter in das Wallfahrtsthema. 1842

---

[63] Vgl. dazu Alois Thomas, Wilhelm Arnold Günther, Trier 1957, S. 55 ff.; Weber, Aufklärung, S. 59 ff. Biographische Hinweise zu Licht und dessen späterer Tätigkeit innerhalb des Deutschkatholizismus bei Alexander Stollenwerk, Der Deutschkatholizismus in den preußischen Rheinlanden, Mainz 1971, S. 149 ff.

[64] Triersche Zeitung, Nr. 222, 15. Aug. 1841. Der Artikel ist „L. v. L." unterschrieben, was „Licht von Leiwen" bedeutet.

[65] Triersche Zeitung, Nr. 260 (22. 9. 1841), Nr. 264 (26. 9. 1841), Nr. 271 (3. 10. 1841), Nr. 275 (7. 10. 1841).

[66] Jak(ob) Marx, Das Wallfahrten in der Trierschen Zeitung, eine abgedungene Entgegnung auf die frühern Artikel über diesen Gegenstand, Trier 1841.

[67] So rechtfertigte sich Marx gegen die Kritik der „Katholischen Kirchenzeitung" vom 1. 1. 1842; vgl. J(akob) Marx, Das Wallfahrten in der katholischen Kirche. Historisch-kritisch dargestellt nach den Schriften der Kirchenväter und den Concilien von den ersten Jahrhunderten bis auf die neuere Zeit, Trier 1842, S. IV u. 188 ff.

[68] J. Marx, Wallfahrten in der Trierschen Zeitung, S. 38.

erschien von ihnen dazu je eine weitere Broschüre.[69] Licht reagierte im selben Jahr auch auf eine erste offene, mit „rascherer Geldcirculation" und „materiellen Vortheilen" für die Stadt Trier begründete Anregung der „Trierschen Zeitung" zu neuerlicher Rockwallfahrt, jedoch scheint dieses Mal seine Zuschrift nicht angenommen worden zu sein.[70] 1842 meldete sich gegen Licht auch erstmals der Piesporter Pfarrer Philipp Lichter zu Wort, der 1844 zu den bedingungslosesten Verteidigern der Rockwallfahrt gehörte.[71] Lichts anonym veröffentlichte Broschüre „Katholische Stimmen gegen die Triersche Ausstellung im Jahre 1844" von 1845 enthielt schließlich die einzige regionale Gegenstimme gegen die Trierer Wallfahrt von einigem Gewicht, während Marx mit seiner Schrift von 1844 den wichtigsten publizistischen Beitrag zur politischen Vorbereitung und mit der aus dem Jahre 1845 die offiziöse Auswertung der Wallfahrt lieferte.

Jakob Marx ist aufgrund dieses propagandistischen Engagements als ideologischer Inspirator und eigentlicher Stratege der Wallfahrt von 1844 anzusehen. Verschiedene Indizien sprechen dafür, daß er in der Wallfahrtsfrage mehr als jeder andere auf den Bischof Arnoldi eingewirkt, wenigstens aber dessen besonderes Vertrauen besessen hat. Für diese Annahme spricht allein schon, daß Marx zur selben Zeit in Wittlich als Kaplan tätig war, in der Arnoldi hier als Stadtpfarrer wirkte (1831–1834).[72] Arnoldi las, wie das erhaltene Hand-

---

[69] J. Marx, Wallfahrten in der katholischen Kirche; (Peter Alois) Licht, Das Wallfahrtsbüchlein zur Belehrung für den katholischen Bürger und Landmann, Trier 1842.

[70] Triersche Zeitung, Nr. 96 (9. April 1842): „Dombauangelegenheit". Licht nahm die Auseinandersetzung wieder auf mit seinem Artikel „Die Ausstellung des heiligen Rocks zu Trier" in seiner anonym veröffentlichten Schrift: Katholische Stimmen gegen die Triersche Ausstellung im Jahre 1844, Frankfurt 1845, S. 4 f. Vgl. Anhang, S. 76 ff.

[71] Philipp Lichter, Ueber das Wallfahrten zu den Gnadenorten in der katholischen Kirche, zur Belehrung und Beherzigung für die Christgläubigen, Trier 1842. Vgl. vom selben Verfasser auch schon: Predigt über die Pflichten der Unterthanen gegen ihren Landesherrn und die von ihm bestellten Obrigkeiten, 7. Aufl. (!) Trier 1838.

[72] Vgl. Franz Xaver Kraus, Jakob M. Marx, in: ADB 20 (1884), S. 539 f., Gottfried Kentenich, Jakob M. Marx, in: ADB 52 (1906), S. 223 f. und Hermann Spoo, Biographischer Führer über Triers Friedhöfe, Trier 1943 (masch. in der Stadtbibliothek Trier). J. Marx wurde 1834 von Bischof Hommer zum weiteren Studium nach Wien geschickt. Hier lernte er die moderne Theologie Anton Günthers kennen, geriet aber mehr noch unter den Einfluß des restaurativen Katholikenkreises um Jarcke und Guido Goerres, die beide auch wieder 1844 in der Wallfahrtsangelegenheit engagiert waren. Vgl. Leo Just, Bischof Hommer und der junge Jakob Marx, in: Universitas. Festschrift für Bischof Dr. Albert Stohr, Bd. 2, Mainz 1960, S. 137–158.

exemplar beweist, schon die Wallfahrtsschrift von Marx aus dem Jahre 1842.[73] Nur durch Marx wissen wir auch, daß sich Arnoldi kurz vor seiner Konsekration zum Bischof im Herbst 1842 in Koblenz mit Metternich beraten hat.[74] Es ging dabei zwar wohl nicht ausdrücklich um eine Wallfahrt zum *Heiligen Rock*, aber doch um Fragen des Reliquienkultes in Trier. Daß gerade Marx über diese sonst nicht bekannt gewordene Unterredung (und ihren Inhalt) informiert war, läßt sogar auf seine Teilnahme schließen, wie übrigens dadurch auch neuerlich die planmäßige politische Vorbereitung der Wallfahrt durch Arnoldi bewiesen wird. Schließlich gibt Marx an, die Schrift zur Einstimmung auf die Wallfahrt von 1844 „auf Veranlassung des Herrn Bischofs von Trier" geschrieben zu haben,[75] was sonst keiner der zahlreichen Wallfahrtspublizisten für sich in Anspruch nehmen konnte.

Marx sprach ganz offen aus, daß die Trierer Wallfahrt ein „Fest der streitenden, wenn auch im Siege triumphierenden Kirche" geworden sei.[76] Er feierte sie als Festlichkeit, bei der sich die „heranziehende Macht des christlichen Glaubens" offenbart habe.[77] Zugleich wehrte er sich aber gegen den Vorwurf, daß die Trierer Ereignisse deshalb eine, womöglich gegen die staatliche Ordnung gerichtete, „Demonstration" gewesen seien.[78] Mit der Wallfahrt sei nicht beabsichtigt gewesen, „durch Kundgebung der Gesinnung, der Macht und des Einflusses der eigenen Partei die andere einzuschüchtern oder in eine andere Bahn zu drücken". Sie sei „gegen niemanden gerichtet" gewesen, habe „ihren Beweggrund und ihr Ziel in sich selber" getragen.[79] Marx wandte sich damit gegen den Versuch der Wallfahrtsgegner, der Kirche eine

---

[73] Arnoldis Handexemplar der Schrift von J. Marx, Das Wallfahrten in der katholischen Kirche, ist in der Bibliothek des Priesterseminars Trier unter der Signatur 1971 G 41 519 erhalten. Es trägt die handschriftliche Aufschrift „W. Arnoldi. Donum auctoris". Die letzten fünf Kapitel (S. 163 ff.) enthalten Anstreichungen von der Hand Arnoldis.

[74] J. Marx, Geschichte, S. 2. Da Arnoldi am 18. Sept. 1842 zum Bischof geweiht wurde und Metternich im September 1842 auf der rheinischen Burg Stolzenfels mit Friedrich Wilhelm IV. zusammentraf (vgl. Heinrich Ritter von Srbik, Metternich, Bd. 2, Darmstadt 1957, S. 91), dürfte die Zusammenkunft der beiden in der ersten Hälfte dieses Monats stattgefunden haben.

[75] J. Marx, Geschichte, Titelblatt.

[76] J. Marx, Ausstellung, S. 136.

[77] Ebda., S. 137.

[78] Vgl. Frühwald, Wallfahrt, S. 370 f., der allerdings „Demonstration" begriffsgeschichtlich anders interpretiert.

[79] J. Marx, Ausstellung, S. 190 f.

staatsfeindliche Gruppenbildung anzulasten. Im Sinne der obrigkeitsstaatlichen Restaurationsideologie wäre sie dadurch zu einer politischen 'Partei' geworden, die durch die Propagierung einer bestimmten 'Gesinnung' oder 'Tendenz' zum Zerfall der monarchischen Staatsordnung beigetragen hätte. Dies aber war nach der Vorstellung von Marx gar nicht möglich, „denn die Kirche ist keine Partei, so wenig als der Staat eine Partei ist gegenüber einem Häuflein revolutionärer Unterthanen, welche seine Verfassung umstürzen und selbst die Regierung an sich reißen möchten".[80] Dies war keine bloße Rhetorik. Marx hatte seine Loyalität gegenüber der restaurativen preußischen Monarchie schon auf dem Höhepunkt der Kölner und Trierer Kirchenkrise bewiesen. Im August 1838 betätigte er sich ausgerechnet in der Angelegenheit der Trierer Bischofswahl als Informant des rheinischen Oberpräsidenten von Bodelschwingh.[81] Über die konservative politische Grundeinstellung der kirchlichen Initiatoren der Trierer Reliquienausstellung von 1844 kann damit kein Zweifel bestehen. Es ging ihnen nicht um die Unabhängigkeit vom Staat im Sinne jener vielzitierten und oft im liberalen Sinne mißdeuteten *Kirchenfreiheit*, schon gar nicht um die Trennung von Kirche und Staat, sondern in erster Linie um die Demonstration der staatserhaltenden Kraft der katholischen Kirche in der vormärzlichen Gesellschaft.

Wenn man diese Grundpositionen kennt, wird eher verständlich, weshalb die preußischen Regierungsbehörden der Trierer Wallfahrt mit wohlwollender Neutralität, ja partieller Sympathie gegenübergestanden haben. Zeitgenössische Kritiker begriffen nicht, wie es zu „einer solchen übergroßen Concession von Seiten des Staates" gegenüber einer Kirchenführung kommen konnte, die kurz zuvor noch hochverräterischer Auflehnung verdächtigt worden war.[82] Der preußische Staat erlebte jedoch im Zusammenhang der Trierer Wallfahrt eine Kirche, die ihm, wenn auch mit neuen Mitteln, den Fortbestand der traditionellen Zusammenarbeit bei der Wallfahrtskontrolle signalisierte. Der Verdacht, es könnte sich bei der Wallfahrt nach Trier um eine organisierte Massenbewegung handeln, durch welche die katholische Kirche eine gesellschaftspolitische Herrschaftserweiterung auf Kosten der staatlichen Autorität anstrebe, stellte sich der Regierung dagegen nicht.

---

[80] Ebda., S. 190.

[81] Landeshauptarchiv Koblenz, Abt. 403, Nr. 7496: Prof. J. Marx an Oberpräs. v. Bodelschwingh, 16. u. 18. Aug. 1838. Die Briefe stellten eine Antwort auf ein nicht erhaltenes Schreiben Bodelschwinghs an J. Marx vom 6. Aug. 1838 dar.

[82] Sächsische Vaterlandsblätter, 12. Sept. 1844, abgedruckt in: Heil.-Rock-Album, S. 37.

Arnoldi hatte in dem Schreiben, in dem er dem Oberpräsidenten der preußischen Rheinprovinz, von Schaper, am 19. April 1844 seine Wallfahrtspläne mitteilte, sogleich die richtigen Worte gefunden. Er begründete seinen Entschluß, gemäß der in Trier bestehenden „uralten Ueberlieferung" eine neue Wallfahrt zu veranstalten, erst gar nicht weiter mit religiös-kirchlichen Argumenten. Statt dessen legte er es darauf an, die staatserhaltende Wirkung der Wallfahrt herauszustellen: „Die religiöse Stimmung", schrieb er, „welche in den Wallfahrten herrscht, ist die sicherste Bürgschaft gegen alle Unordnung". Um dieser Behauptung Nachdruck zu verleihen, wies er darauf hin, daß bei der Trierer Wallfahrt von 1810 „auch nicht die geringste Unordnung vorgefallen" sei und daß die alle sieben Jahre stattfindende Aachener Wallfahrt „stets ohne mindeste Störung der öffentlichen Ruhe und Sicherheit" vor sich gehe. Schließlich bat er den Oberpräsidenten um „gefällige Mitwirkung", um nichts zu versäumen, „was irgend zur Fernhaltung von Unordnung dienen könnte".[83] Nicht weniger als viermal verwies er damit darauf, daß die Wallfahrt in „Ruhe und Ordnung" abzulaufen bzw. zu deren Erhaltung beitragen werde. *Ruhe und Ordnung* war denn auch die politische Signalmetapher, die geradezu stereotyp sowohl in den kirchlichen wie in den staatlichen Stellungnahmen zur Trierer Wallfahrt auftauchte. Ihre gemeinsame Verwendung weist auf eine Konkordanz der politischen Gesinnung hin, auch wenn sich preußische Beamte und Trierer Kirchenführer darüber nicht ausdrücklich verständigt haben. Die Formel *Ruhe und Ordnung* hat nämlich im 19. Jahrhundert als eine der Standardformeln der restaurativen Herrschaftsideologie zu gelten,[84] ja man könnte sie geradezu als Gegenformel zur revolutionären Trias von *Freiheit, Gleichheit, Brüderlichkeit* bezeichnen.[85] Es war daher von weitreichender Bedeutung, wenn der rheinische Oberpräsident in seiner Antwort an Arnoldi erklärte, er zweifele nicht daran, daß die „Feier ohne jede Störung der Ruhe und Ordnung vorübergehen" werde.[86] Obwohl er Arnoldis Wallfahrtsunternehmen durchaus nicht ausdrücklich begrüßte, signalisierte er dem Bischof

---

[83] Landeshauptarchiv Koblenz, Abt. 403, Nr. 13687: Bischof W. Arnoldi an Oberpräs. von Schaper, 19. April 1844.

[84] Dazu der leider an versteckter Stelle erschienene Vortrag von Wolfgang Frühwald, Sprache und Gesellschaft in Deutschland. Zur Geschichte des politischen Schlagwortes „Ruhe und Ordnung", in: Nachrichtenblatt der Societas Annensis 18 (1970), S. 3 ff.

[85] Zu dieser vgl. meinen Artikel „Brüderlichkeit", in: Geschichtliche Grundbegriffe. Historisches Lexikon zur politisch-sozialen Sprache in Deutschland, Bd. 1, Stuttgart 1972, S. 552–581.

[86] Landeshauptarchiv Koblenz, Abt. 442, Nr. 6796: Oberpräs. von Schaper an Bischof Arnoldi, 22. Juni 1844 (Abschrift).

damit, daß er mit ihm eine gemeinsame politische Sprache spreche. Diese Haltung entsprach der der untergeordneten Trierer Regierungsbeamten, die der Oberpräsident zuvor konsultiert hatte. Der Trierer Oberbürgermeister und Landrat Görtz sah unter Verweis auf die Wallfahrt von 1810 die „Ruhe und Ordnung" voll garantiert, wenn die Pilger wiederum nicht einzeln kämen, sondern in organisierten Gruppen (Prozessionen) nach Trier geführt würden. Der Regierungspräsident gab dies entsprechend weiter.[87] Gewisse Vorbehalte gegenüber Arnoldis Wallfahrtsplan meldeten intern allerdings der Kultusminister Eichhorn und der Innenminister Adolf Heinrich Graf von Arnim an. Sie fanden, daß die Wiederbelebung der „kirchlichen Feierlichkeit" in Trier „bei den augenfälligen Blößen, welche die Identität der genannten Reliquie unter dem Gesichtspunkte der historischen Kritik darbietet, im Interesse der katholischen Kirche vielleicht besser unterblieben wäre". Jedoch ermächtigten sie den rheinischen Oberpräsidenten, die Wallfahrt zuzulassen, da „ein Bedenken von Staats wegen im Allgemeinen" nicht vorliege. Diese Ermächtigung wurde unter der Voraussetzung einer „zeitigen Communication mit dem Herrn Bischofe" zwecks „angemessener Vertheilung der Wallfahrtszüge und Aufrechterhaltung der polizeilichen Ordnung" erteilt.[88] Trotz ihres Bekenntnisses zur modernen Wissenschaft historischer Kritik waren sie also bereit, dem Trierer Bischof im Rheinland einmalig eine Massenmobilisierung zuzugestehen, wenn dadurch die „Ordnung" nicht gestört wurde. Daß diese Ordnung im Schreiben der Minister als „polizeiliche Ordnung" auftaucht, darf nicht so interpretiert werden, als ob die Wallfahrtsfrage für sie letztlich nur ein Polizeiproblem darstellte. Der preußische Restaurationsstaat war der „Staat als Ordnung" (E.R. Huber), *Ordnung* war damit geradezu das höchste Staatsprinzip, die Polizei das Mittel zu seiner Erfüllung. Wer sich auf polizeiliche Reglementierung einließ, anerkannte diesen Staat überhaupt.

Die staatlichen Regierungsbehörden konnten sicher sein, daß die Trierer Kirchenführung das Ordnungsprinzip der preußischen Monarchie mit der Wallfahrt nicht in Frage stellen, sondern vielmehr unterstützen wollte. Man sprach auf beiden Seiten in dieser Hinsicht nicht nur dieselbe politische Sprache, man handelte auch entsprechend. Kirchenführung und Regierung

---

[87] Landeshauptarchiv Koblenz, Abt. 442, Nr. 6796: Reg. Präs. Trier an Landrat und Oberbürgerm. Trier, 17. Aug. 1844; Landrat und Oberbürgerm. Trier an Reg. Präs. Trier, 29. Mai 1844; Reg. Präs. Trier an Oberpräs. Rheinprovinz, 29. Mai 1844 (Konzept).

[88] Landeshauptarchiv Koblenz, Abt. 403, Nr. 13687: Oberpräs. Rheinprovinz an Kultusminister Eichhorn, 5. Mai 1844 (Konzept); Kultusminister und Innenminister (Graf von Arnim) an Oberpräs. Rheinprovinz, 9. Juni 1844; Innenminister an Oberpräs., 12. Juli 1844.

stimmten von Anfang an darin überein, daß man die Wallfahrer nicht einfach sich selbst überlassen könne, sondern ihre Züge genau vorausplanen müsse. Auf Vorschlag der Regierung arbeitete die Trierer Kirchenführung auf der Grundlage des Wallfahrtsreglements von Bischof Mannay aus dem Jahre 1810 einen regelrechten Prozessionsplan aus.[89] Die Pilgerzüge des Trierer Bistums wurden dadurch im voraus generalstabsmäßig festgelegt. Die Pfarrgemeinden jedes Dekanates erhielten jeweils zwei „gehörig auseinanderliegende Tage" für die Wallfahrt nach Trier.[90] Jeweils die Hälfte der Gemeindemitglieder sollte sich an einem der beiden Termine auf den Weg machen. Die beiden ersten Septembertage und die zweite Hälfte dieses Monats wurden für auswärtige Prozessionen freigehalten. Diese Einteilung sollte einen einigermaßen gleichmäßigen Zustrom der Pilger nach Trier bewirken, ein Ziel, das auch erreicht wurde, wenn man vom Eröffnungstage absieht. Für die einzelnen Prozessionen wurden in Trier genaue Sammelplätze bestimmt. Der Weg durch die Stadt zum Dom, die Bewegungsrichtung im Dom sowie der Rückweg aus der Stadt heraus wurden ebenfalls genau festgelegt, ihre Einhaltung durch bürokratische Meldeverfahren abgesichert. Entscheidend aber war schließlich, daß die Organisation der Prozessionen nicht etwa religiösen Bruderschaften oder gar dem Zufall überlassen, sondern strikt in die Hände der Pfarrgeistlichen gelegt wurde. Die Pilger aus jeweils drei Pfarreien mußten sich zu einer Prozession vereinigen, die von wenigstens einem Geistlichen geführt wurde. Vor der Ankunft in Trier hatten sich die Prozessionen der Unterbezirke (*Definitionen*) aller Dekanate zu jeweils einer Prozession zu vereinigen, der wiederum ein Geistlicher als „Hauptführer" vorstand. Die Pfarrer hatten von den Prozessionsteilnehmern die „vollkommenste Unterwerfung unter die betreffenden Anordnungen" zu verlangen,[91] wodurch dem Klerus bei der Wallfahrt eine autoritäre Führungsrolle gesichert wurde. Ein zeitgenössischer Wallfahrtsgegner bemerkte dazu:

---

[89] Bistumsarchiv Trier, Abt. 91, Nr. 212: „Rundschreiben an die Herren Pfarrer des Bisthums Trier, die Ausstellung des h. Rockes betreffend"; auch bei Blattau, Statuta, Bd. 9, S. 47, 52. Das Rundschreiben ist vom Generalvikar Müller unterschrieben und datiert vom 6. Juli 1944.

[90] Blattau, Statuta, Bd. 9, S. 48.

[91] Vgl. die Aktennotiz des Bischöfl. Generalvikars Müller vom 26. Okt. 1844 auf der Rückseite eines der gedruckten „Rundschreiben" vom 6. Juli 1844 im Bistumsarchiv Trier, Abt. 91, Nr. 212; ferner: Landeshauptarchiv Koblenz, Abt. 442, Nr. 6796: Oberpräs. Rheinprovinz an Reg. Präs. Trier (v. Auerswald), 23. Aug. 1844; Reg. Präs. Trier an Oberpräs. Rheinprovinz, 26. Aug. 1844. Das Zitat nach Blattau, Statuta, Bd. 9, S. 51.

„Es war keine freiwillige, organische, sich von selbst bildende, sondern eine gemachte, von außen her mit allen möglichen Mitteln erregte Volksbewegung, eine förmliche Agitation. Die Domkapitel stellten sich an die Spitze, sie erließen gebietende Ausschreiben an die Dekane, diese beauftragten die Pfarrer zu Aufruf und Anfeuerung, Pfarrer bearbeiteten das Volk. Man bestimmte Sammelplätze, setzte die Tage fest, an welchen die feierlichen Prozessionen mit flatternden Fahnen, mit klingendem Spiel und unter Böllerschüssen abgehen sollten, man bestimmte die Raststationen, entwarf, mit einem Wort, einen komplizierten, strategischen Plan, in welchem bereits alles angeordnet und beschlossen war, ehe das Volk, das die Marionettenpuppe in der Hand der Spieler sein sollte, nur ein Wort davon wußte."[92]

Die bischöflichen Wallfahrtsstrategen wären sicherlich nicht so erfolgreich gewesen, wenn sie nicht bei den Pilgern eine religiöse Erwartungshaltung hätten voraussetzen können, die einer „korporativ und ritualisiert vollzogenen Devotion" entgegenkam.[93] Die populare, immer wieder behinderte oder unterdrückte Prozessionsbereitschaft der katholischen Unterschichten des Rheinlandes war die historische Voraussetzung für das Gelingen der planvoll organisierten Massenwallfahrt. Die 'von oben' geplante Wallfahrt nach Trier knüpfte jedoch nicht einfach an traditionale, 'von unten' kommende Frömmigkeitsformen des rheinischen Katholizismus an, sie nutzte diese vielmehr auch für gesellschaftspolitische Zwecke aus. Die in der Gemeinschaft vermittelte religiöse Devotion sollte auch zu politischer Ergebenheit führen.

Die Wallfahrt nach Trier unterschied sich somit grundlegend von den zahlosen Pilgerzügen des Rheinlandes, die in den zwanziger und dreißiger Jahren von den rheinischen Bischöfen und der preußischen Regierung gemeinsam bekämpft worden waren. Hier stand nicht mehr die Frage zur Diskussion, ob die diffuse Pilgerei der sozialen Unterschicht eine revolutionäre Gefährdung des restaurativen Staatssystems bewirken könne, vielmehr kann die Trierer Wallfahrt als gelungener Versuch des rheinischen Klerus angesehen werden, von oben her einen im kirchlichen Sinne staatserhaltenden Einfluß auf breite Massen sicherzustellen. Nicht ohne Grund zog Jakob Marx nachträglich das Fazit, durch die Wallfahrt sei „allumher auch die Ruhe, Ordnung und Auferbauung eines Tempels, eines Gotteshauses eingekehrt".[94] Die Er-

---

[92] Die Wallfahrt nach Trier, S. 24 f.
[93] Holzem, Kirchenreform und Sektenstiftung, S. 18.
[94] J. Marx, Ausstellung, S. 109.

neuerung und Verankerung der Kirche im Volk hatte für ihn auch eine staatserhaltende Bedeutung. Auch preußische Beamte sahen in der Wallfahrt ein „erfreuliches Zeichen von dem zunehmenden Einfluß der Geistlichkeit und dem Gehorsam der Gläubigen gegenüber ihren geistlichen Hirten".[95] Auf beiden Seiten deutete sich damit, unabhängig von den unterschiedlichen religiösen Standpunkten, bei der Planung, Lenkung und Bewertung der Trierer Wallfahrt ein antirevolutionäres Sicherheitsdenken an, das in der Zukunft nach vielen Konflikten die Grundlage für eine Verständigung von katholischer Amtskirche und preußisch-deutschem Staat auf konservativer Grundlage bilden sollte.

Diese Interpretation wird durch das Verhalten von Arnoldi und Jakob Marx in der achtundvierziger Revolution durchaus bestätigt. Beide unterschrieben in Trier mit einigen anderen Honoratioren am 14. April das Wahlprogramm des Advokaten Friedrich Zell, das sich gegen gewaltsamen Umsturz und gegen die Republik erklärte, eine konstitutionelle Monarchie auf allerdings großdeutsch-föderalistischer Basis forderte und in stereotyper Terminologie zu „Ruhe und Ordnung" aufrief. Die Führer der Trierer Wallfahrt von 1844 stellten sich damit in der Krise von 1848/49 auf die Seite des gemäßigten Konstitutionalismus. Kein Wunder, daß die Trierer Demokraten mit Ludwig Simon, Karl Grün und Victor Schily an der Spitze das Zellsche Wahlprogramm öffentlich verbrannten.[96]

---

[95] Landeshauptarchiv Koblenz, Abt. 441, Nr. 1312: Zeitungsberichte, Landrat Cochem an Reg. Präs. Koblenz, 2. Dez. 1844.

[96] Kentenich, Geschichte der Stadt Trier, S. 831; Konrad Repgen, Märzbewegung und Maiwahlen des Revolutionsjahres 1848 im Rheinland, Bonn 1955, S. 199–201. Nach Repgen ist die Unterschrift Arnoldis nicht gesichert. Repgen berichtet jedoch, daß Arnoldi am 31. März öffentlich gegen „schrankenlose Willkür", gegen „Eingriff in fremdes Eigentum" und „jede Selbstrache" eingetreten sei. Vgl. die Zitate ebda., S. 108.

III. Die Wallfahrt als religiöse Gruppenerfahrung

Nachdem über die Intentionen der Wallfahrtsorganisatoren Klarheit besteht, bleibt nunmehr noch offen, ob und in welchem Umfange ihre politische Rechnung aufgegangen ist. Es ist daher zu fragen, wodurch die Masse der Wallfahrer, die durch das Trierer Spektakulum angezogen wurde, zum Aufbruch veranlaßt worden ist und welche Art von Bewußtsein sie während der Wallfahrt entwickelt hat. Wir geraten damit auf das methodisch schwer zu bewältigende Gebiet der Erfahrungsgeschichte, bei der es die Mentalität von weitgehend Illiteraten zu erkunden gilt.[1] Die Trier-Pilger traten aufgrund des straffen Wallfahrtsreglements in aller Regel nicht als einzelne in Erscheinung, sie machten sich in der Gruppe auf den Weg, und sie bekamen den vorgeblich *Heiligen Rock* in der Gruppe vorgeführt. Ihr Erfahrungshorizont war die Prozession mit Hunderten oder manchmal Tausenden von Teilnehmern. Sie waren damit von vornherein auf ein ritualisiertes Gruppenverhalten festgelegt, das sich an dem gewohnheitsmäßigen Erfahrungsbereich des kirchlichen Normalritus (Karfreitags-, Pfingst- oder Fronleichnamsprozessionen in der Pfarrgemeinde) orientierte. Die Wallfahrt wurde somit von den einzelnen Pilgern kollektiv vollzogen, nicht individuell gestaltet. Insofern kann man davon ausgehen, daß das Bewußtsein der Pilger einheitlich von einer gruppen-

---

[1] Der Erforschung kollektiver religiöser Mentalitäten hat sich bisher vor allem die französische Sozialgeschichtsforschung angenommen. Vgl. die bahnbrechenden Studien von Bernard Plongeron (Hg.), La religion populaire dans l'occident chrétien. Approches historiques, Paris 1976 sowie vor allem Michel Vovelle, Piété baroque et déchristianisation en Provence au XVIIIe siècle. Les attitudes devant la mort d'après les clauses des testaments, Paris 1973. Vgl. aber für Deutschland neuerdings Karl Blessing, Staat und Kirche in der Gesellschaft. Institutionelle Autorität und mentaler Wandel in Bayern während des 19. Jahrhunderts, Göttingen 1982; Rebecca Habermas, Wallfahrt und Aufruhr. Zur Geschichte des Wunderglaubens in der frühen Neuzeit, Frankfurt 1991; Rudolf Schlögl, Glaube und Religion in der Säkularisierung. Die katholische Stadt – Köln, Aachen, Münster – 1740–1840, München 1995, sowie auch die Beiträge in dem Band von Schieder (Hg.), Volksreligiosität.

spezifischen Mentalität geprägt wurde. Es gab so etwas wie die Mentalität eines Pilgerkollektivs, wobei zweifellos wichtig war, daß diesem in der Regel die vertraute Gemeinschaft der Heimatgemeinde zugrundelag. In gewissem Umfang ist hiervon nur die Bevölkerung der Stadt Trier auszunehmen. Die Wallfahrtsfreunde stellten das Verhalten der Trierer als Ausfluß kollektiver religiöser Ergriffenheit dar. Der Statistiker Delahaye etwa zog folgendes Resümee:

> „Die in Trier geherrschte Stimmung mußte daher die beste und erfreulichste sein, und war es, als wäre durch die Ausstellung des heil. Rockes ein anderer Geist bei uns eingezogen: der der Frömmigkeit, Freundschaft und Liebe; nie noch und zu keiner Zeit sah man größere Menschenliebe herrschen. Jeder Trierer betrachtete nach den Lehren unserer Religion in der That die Menschen als seine Brüder, und schien es deshalb als wären sie alle, die da in Trier waren, eine Familie gewesen."[2]

Solch erbauliche Idylle wurde jedoch vor allem von militanten Wallfahrtsgegnern angezweifelt. Ihr massiver Vorwurf lautete, es sei den Trierern nur ums Geld gegangen. Besonders wurden die „Geld-Speculation der Trier'schen Krämer und Wirthe und die Habsucht der Domclerisei" angeprangert.[3] Nach Ausweis der sorgfältigen Abrechnung des Domrendanten waren die Spendeneinnahmen der Domkirche während der Wallfahrt in der Tat recht beträchtlich. Sie betrugen 16 952 Taler, 14 Silbergroschen und 4 Pfennige, denen nur Ausgaben von 2 273 Talern, 4 Silbergroschen und 8 Pfennigen gegenüberstanden. Von den Reineinnahmen überwies Arnoldi die Hälfte (7 327 Taler) an den Präsidenten des kirchlichen Ausschusses, der für den Neubau des bischöflichen Konviktes verantwortlich war. Der Kölner Dombauverein erhielt 211 Taler, 5 Silbergroschen, 9 Pfennige, die eigens zu diesem Zweck gesammelt worden waren.[4] Der hohe Trierer Klerus war freilich weniger wegen der sich füllenden Spendenbüchsen als vielmehr wegen der Einflußmöglichkeiten auf unerwartet große Massen von Pilgern mit dem Verlauf der Wallfahrt zufrieden. Arnoldi befand sich nach eigener Aussage wegen des täglichen An-

---

[2] Delahaye, Statistische Uebersicht, S. 65; ähnlich J. Marx, Ausstellung, S. 131–133.

[3] Licht, Katholische Stimmen, S. 4; ähnlich z. B. Reinhard, Trierscher Rock, S. 23 ff.

[4] Bistumsarchiv Trier, Abt. 91, Nr. 227. Es war mir nicht möglich, diese Zahlen in Relation zum normalen Spenden- und sonstigen Einkommen der Trierer Bischofskirche zu setzen.

sturms Zehntausender von Pilgern „in einer fortwährenden freudigen Aufregung".[5]

Etwas anders verhält es sich mit der Trierer Bürgerschaft. Es kann kein Zweifel bestehen, daß ein Großteil der Bürger den Massenansturm der Pilger vor allem mit der Erwartung auf besondere Einnahmen begrüßt hat. Zusätzlich zu dem ständigen Angebot des Beherbergungsgewerbes wurden in Privathäusern für 1 787 Personen auf Betten und für 10 396 Personen auf Strohlagern Schlafplätze bereitgestellt.[6] Mindesten 197 Personen erhielten vom Magistrat der Stadt für die Ausstellungszeit Gast- und Schenkwirtschaftskonzessionen.[7] Auf zwei zentralen Plätzen der Trierer Innenstadt wurden jahrmarktsähnliche Buden und Stände aufgebaut. Die einheimischen Händler und Ladenbesitzer sorgten dafür, daß Auswärtige hierfür von der Stadtverwaltung keine Verkaufskonzessionen erhielten. Gleichwohl liefen die Geschäfte anfangs nicht so, wie man es erwartet hatte. Eingaben an den Oberbürgermeister und den Regierungspräsidenten waren die Folge.[8] Schließlich scheinen aber zumindest die Devotionalienhändler auf ihre Kosten gekommen zu sein. Vor allem wurden Abbildungen und Medaillons vom *Heiligen Rock* sowie Rosenkränze, die aus allen nur irgend erreichbaren Materialien hergestellt wurden, in „unglaublicher Menge" abgesetzt.[9] Eine unvoreingenommene Zeugin be-

---

[5] Pfülf, Cardinal von Geissel, S. 327.

[6] Delahaye, Statistische Uebersicht, S. 60; J. Marx, Ausstellung, S. 8.

[7] Stadtarchiv Trier, Abt. 18, Nr. 292: Verzeichnis der neuen Gastwirthe für die Stadt während August und September 1844 (zwei Listen mit 149 bzw. 48 Namen). Delahaye, Statistische Uebersicht, S. 60, spricht davon, daß sich 300 Personen für den Betrieb einer Schenkwirtschaft und etwa 100 Personen für den einer Gast- und Schenkwirtschaft angemeldet hätten. J. Marx, Ausstellung, S. 8, nennt ebenfalls „gegen 400" Interessenten.

[8] Landeshauptarchiv Koblenz, Abt. 442, Nr. 6796: Johann Schmitt und Konsorten an Reg. Präs. von Auerswald, 27. Aug. 1844 (Klage über „traurige Erfahrung" geringen Geschäftsganges in der ersten Woche. Hinweis auf „verhältnismäßig ungeheure Miethe von 12 bis 20 Thalern" für die Buden sowie auf Gewerbesteuer und Standgeld); Landrat und Oberbürgerm. an Schmitt und Konsorten, 26. Aug. 1844; Franck und Konsorten (50 Unterschriften!) an Oberbürgerm. und Landrat, 1. Aug. 1844 (Protest gegen Aufstellung von Buden mit „Manufakturwaren", die von Auswärtigen betrieben werden sollen); Stadtarchiv Trier, Abt. 18, Nr. 292: Schmitt und Konsorten an Oberbürgermeister und Landrat, 22. und 24. Aug. 1844. Vgl. auch Delahaye, Statistische Uebersicht, S. 60 f. und J. Marx, Ausstellung, S. 8.

[9] J. Marx, Ausstellung, S. 61; Delahaye, Statistische Uebersicht, S. 61 f. Zur Ikonographie der Trierer Devotionalien vgl. Kurt Köster, Wallfahrtsmedaillen und Pilgerandenken vom Heiligen Rock zu Trier, in: Trierisches Jahrbuch 10 (1959), S. 36–56. Vgl. dazu jetzt auch Heike Weruz-Kaiser, Soziale und wirtschaftliche Aspekte des privaten Andachtsbildes, in: Zwischen Andacht und Andenken, S. 39–45.

richtete davon, daß eine einzige Händlerin schon in der Woche vor Beginn der Reliquienausstellung für 400 Taler „kleine Herrgottsröcklein" verkauft habe, die sie aus alten Bandresten fabrizierte.[10] Von anderen Händlern wird berichtet, daß sie in drei Wochen 80 000 bzw. 52 000 Marienmedaillen verkauft hätten.[11]

Das Interesse an der Wallfahrt wurde in Trier also zweifellos in starkem Maße durch den Profit kleiner Händler, Wirte und Handwerker geprägt. Auch diese wurden jedoch in den Tagen der Wallfahrt nicht nur durch das Geschäft stimuliert. Die Trierer Kleinbürger drängten vielmehr bezeichnenderweise auch in die sogenannte *Ehrenwache*, die in der Wallfahrtszeit den Ordnungsdienst in der Domkirche organisierte. Für die Aufstellung dieser *Ehrenwache* taten sich neun zünftlerische *Gewerkschaften* (Bauhandwerker, Schneider, Feuerarbeiter, Schiffer aus Trier, Schiffer aus Barbeln, Metzger, Küfer, Schreiner und Bäcker) zusammen. In den 50 Tagen der Ausstellung mobilisierten sie weitgehend nur aus ihren Reihen nicht weniger als 1 062 Trierer Bürger für den Wachdienst im Dom.[12] Auch wenn das normale Profitinteresse zunächst vielfach im Vordergrund gestanden haben mag, geriet gerade die kleinbürgerliche Bevölkerungsschicht Triers auf diese Weise sukzessive in den Sog der religiösen Hochstimmung des Wallfahrtskollektivs, ganz davon abgesehen, daß ja zum Auftakt der Wallfahrt (am 18. und 19. August) die Trierer Pfarreien in geschlossener Formation in den Dom einzogen. Es handelt sich hier um einen Vorgang, der in der Sprache der modernen Soziologie als religiöser Sozialisierungsprozeß bezeichnet werden kann. In der wallfahrenden Umwelt ergab sich für den einzelnen eine Eingliederungs- und Unterordnungserwartung, die zu einer Verhaltensanpassung zwang. Wie weit diese Sozialisierungswirkung ging, zeigt in besonders eindrucksvoller Weise das

---

[10] Marx Engels Werke, Ergänzungsband, Bd. 1, S. 654: Jenny an Karl Marx, Trier, nach dem 11. Aug. 1844. Da Jenny in dem Brief davon spricht, daß „am Sonntag" die Trierer Bevölkerung in den Dom gehen werde, muß der Brief vor dem Eröffnungstag der Rockausstellung (18. Aug. 1844) geschrieben sein.

[11] J. Marx, Ausstellung, S. 61 f.

[12] Delahaye, Statistische Uebersicht, S. 21–29 (hier auch das „Reglement, die Bildung einer Ehrenwache während der öffentlichen Ausstellung des heiligen Rockes in der Domkirche zu Trier vom 18. August bis Ende September [6. Oktober] 1844 betreffend"); Bistumsarchiv Trier, Abt. 91, Nr. 218, hier: „Alphabetische Liste derjenigen Mitglieder der Ehrenwache, welche in der hohen Domkirche den Wachdienst versehen haben." Diese Liste enthält 1 050 durchnumerierte Namen mit Berufsangabe und dem Tage des Wachdienstes, zwei davon sind durchgestrichen. Zusätzlich sind 14 Namen mit Angabe der Tage, an denen der Wachdienst geleistet wurde, ohne Nummer eingetragen.

Verhalten der protestantischen Beamtentochter Jenny von Westphalen, die seit Juni 1843 mit Karl Marx verheiratet war. Nur vorübergehend in Trier, war sie in der Wallfahrtsstadt nicht nur in konfessionellem Sinne eine Außenseiterin. Gleichwohl stellte ihre Mutter ein Zimmer für auswärtige Pilger bereit, Jenny besorgte ihr „ein klein Medaillon" und sie selbst sich „ein Rosenkränzchen". Auch wenn ihr der beginnende Wallfahrtstrubel „bis zum Extrem" zu gehen schien, lag bei Jenny Marx damit offensichtlich ein Fall von Anpassung einer gesellschaftlichen Marginalexistenz an das Verhaltensmuster der Trierer Wallfahrtsenthusiasten vor.[13] Man darf im übrigen ausschließen, daß ausgerechnet Jenny Marx ein Einzelfall gewesen wäre. Wir wissen über sie nur besser Bescheid als über andere, anonyme Personen. Auch sonst stellten sich gelegentlich Protestanten öffentlich auf die Seite der Wallfahrt.[14] Es ist sogar wahrscheinlich, daß, vor allem aus dem damals zur Hälfte evangelischen Saarland, einzelne Protestanten als Pilger nach Trier gekommen sind.[15]

Versucht man die Mentalitätsstruktur des Trierer Wallfahrtskollektivs inhaltlich näher zu beschreiben, so stellt sich zunächst die Frage, wie diese überhaupt vermittelt worden ist. Mit Sicherheit kann zunächst ausgeschlossen werden, daß die wissenschaftlichen Streitschriften, die sich über die historische

---

[13] Karl und Jenny Marx waren seit 19. Juni 1843 verheiratet, am 1. Mai 1844 wurde ihre erste Tochter Jenny geboren. Mit dieser hielt Jenny Marx sich von Mitte Juni bis September 1844 in Trier bei ihrer Mutter, dem „Mämerchen", auf, während Marx in Paris zurückblieb. Vgl. Marx Engels Werke, Ergänzungsband, Bd. 1, S. 647–655. Ihre eindrucksvolle Schilderung des Trierer Wallfahrtsmilieus (S. 654) lautet im vollen Wortlaut: „In Trier ist schon ein Treiben und Leben, wie ich es nie gesehen habe. Alles ist in Bewegung. Die Läden sind alle neu aufgeputzt, jeder richtet Zimmer zum Logieren ein. Wir haben auch eine Stube bereit. Ganz Koblenz kommt, und die crème der Gesellschaft schließt sich an die Prozession an. Alle Gasthöfe sind schon überfüllt. 210 Schenkwirtschaften sind neu etabliert, Kunstreiter, Theater, Menagerien, Dioramas, Welttheater, kurz alles, was man sich denken kann, kündigt sich schon an. Der ganze Pallastplatz ist mit Zelten besäet. Vor den Toren sind ganze Bretterhäuser aufgeschlagen. Am Sonntag geht Trier. Jeder muß sich an eine Prozession anschließen, und dann kommen die Dörfer. Täglich 16 000 Menschen. Die Stein hat schon für 400 Taler kleine Herrgottsröckchen verkauft, die sie aus ihren alten Bandresten fabriziert. An jedem Hause hängen Rosenkränze von 6 Pf. an bis zu 100 Taler. Ein klein Medaillon hab' ich auch fürs Mämerchen gekauft, und gestern hat es sich selbst ein Rosenkränzchen geholt. Man hat gar keine Vorstellung von dem Getreibe hier. Für die nächste Woche kommt halb Luxemburg an; auch Vetter Michel hat sich angemeldet. Die Menschen sind alle wie wahnsinnig. Was soll man nun davon denken? Ist das eine gutes Zeichen der Zeit, daß alles bis zum Extrem gehn muß, oder sind wir noch so fern vom Ziel." Vgl. auch oben Anm. 2 auf S. 54.

[14] Vgl. z. B. (Wilhelm Volk), Die Berliner Gewerbeausstellung und die Ausstellung des hl. Rockes in Trier mit besonderer Bezugnahme auf den Ronge'schen Brief. Ein Brief aus Berlin von einem Protestanten, Münster 1845.

[15] J. Marx, Ausstellung, S. 134.

Tradition und die archäologische Echtheit der Trierer Rockreliquie ausließen, den einfachen Pilgern in die Hand gekommen sind. Auch von der Flut der weniger wissenschaftlichen Flugschriften, welche die Trierer Wallfahrt auslöste, bekam die große Masse der Pilger nichts zu sehen. Zwar kann man davon ausgehen, daß nur eine Minderheit der Pilger geradezu Analphabeten waren.[16] Jedoch nahmen sie deshalb noch lange nicht regelmäßig ein Buch zur Hand. Wir wissen, daß die Lektüre der lesenden Bevölkerung aller sozialen Schichten in Deutschland im frühen 19. Jahrhundert sich im wesentlichen auf Fibel, Katechismus und Bibel beschränkte. Allenfalls sind Andachtsbücher zusätzlich verkauft worden.[17] Dies wird durch die Trierer Wallfahrt bestätigt. Für die einfachen Wallfahrer wurden innerhalb des Bistums Trier mit bischöflicher Billigung, vielleicht sogar Anregung, nicht weniger als zwölf preiswerte Andachtsbüchlein auf den Markt gebracht.[18] Diese Broschüren sind sich in Aufmachung und intellektuellem Niveau weitgehend ähnlich. Man kann daher davon ausgehen, daß sie sämtlich die gleiche Funktion erfüllten, auch wenn sich die einzelnen Pilger nur jeweils höchstens eine davon gekauft haben. Die populären Andachtsbücher bildeten somit zweifellos das geistige Reservoir, aus

---

[16] Vgl. dazu allgemein Rolf Engelsing, Analphabetentum und Lektüre, Stuttart 1973, S. 96 ff. und speziell K(arl) Brämer, Religionsbekenntnis und Schulbildung der Bevölkerung des preußischen Staates, in : Zeitschrift des Königl. Preuß. Statistischen Bureaus 14 (1874), S. 150 ff.

[17] Vgl. dazu Rudolf Schenda, Volk ohne Buch. Studien zur Sozialgeschichte der populären Lesestoffe 1770–1910, Frankfurt am Main 1970, S. 76 f.; ferner auch S. 154, 184 f., 201 f.

[18] Philipp Lichter, Geschichte des heil. ungenäheten Rockes unsers Herrn und Heilandes Jesu Christi, bis zu seiner feierlichen Erhebung am 28. Juni 1844, Trier 1844; P(eter) Chr(istoph) St(ernberg), Vollständige Beschreibung und Geschichte des heiligen Rockes Jesu Christi zu Trier, Trier 1844; Katechismus des heil. Rockes unseres H. J. Chr. zu Trier, Trier 1844; Philipp Lichter, Andachts-Büchlein zum Gebrauche bei der öffentlichen Verehrung des heiligen Rockes, Wittlich 1844; (Johann Anton Joseph Hansen), Kurze Beschreibung und Geschichte des in der Domkirche zu Trier aufbewahrten ungenähten Heiligen Rockes unseres Herrn Jesu Christi, Saarlouis 1844; Andachtsübungen bei der feierlichen Aussetzung des heiligen Rockes unseres Herrn und Heilandes Jesu Christi in der Domkirche zu Trier, Trier 1844 (künftig: Andachtsübungen I); Andachtsübungen bei der feierlichen Aussetzung des heil. Rockes unsers Herrn und Heilands Jesu Christi in der Domkirche zu Trier. Von einem Pfarrer der Stadt Trier, Trier 1844 (künftig: Andachtsübungen II); Joseph Caspari, Geschichte des heiligen Rockes unseres Herrn und Heilandes Jesu Christi in der Domkirche zu Trier, nebst vollständigen Andachtsübungen zum Gebrauche bei der feierlichen Aussetzung des heiligen Rockes vom 18. August bis Ende September 1844, Trier 1844; Vollständige Geschichte und Beschreibung des heiligen Rockes in der Domkirche zu Trier. Nebst Andachtsübungen bei der Verehrung der heiligen Reliquie. Zusammengestellt mit Genehmigung des Hochwürdigsten Herrn Bischofs zu Trier zum Gebrauche für Jedermann, Koblenz 1844; Ausführliche und getreue Lebensbeschreibung der heiligen Helena, Kaiserin und Wittwe, welche den heiligen Rock unsres Heilandes Jesu Christi wieder aufgefunden und nach Trier geschenkt hat, Saarlouis 1844.

dem die Mentalität des Wallfahrtskollektivs gespeist wurde. Denn wo „die Rede" nicht ausreichte, machten die Pilger „durch Gesänge ihren Gefühlen Luft".[19]

In der Hauptsache enthalten die Andachtsbüchlein kirchenfromme Gesänge, liturgische Anweisungen sowie populäre Darstellungen der Überlieferung vom *Heiligen Rock*. Hier interessiert nicht, was daraus zum Traditionsbestand der römisch-katholischen Liturgie (vor allem der Messe) gehört. Wichtig dagegen sind die Texte dieser Schriften, die eigens für die Wallfahrt produziert wurden. Mir scheint daraus dreierlei hervorzugehen:

Erstens wurde den Pilgern suggeriert, daß die Trierer Rockreliquie echt sei. Durchweg wird behauptet, daß die „ununterbrochene Tradition der trierischen Kirche, welche von den Oberhäuptern der Kirche anerkannt wurde", für die Echtheit der Reliquie spräche.[20] Falls die Andachtsbücher nicht einfach unterschlagen, daß die Überlieferung bis ins 12. Jahrhundert hinein nicht gesichert ist, versuchen sie diese Lücke mit dem Argument zu erklären, die Kirche hätte die Existenz des kostbaren Reliquienstückes wegen der kriegerischen Zeitläufe verheimlichen müssen.[21] Besonders auffällig ist schließlich die Verknüpfung der Geschichte vom *Heiligen Rock* mit einer Art Zusatzlegende: „Der heil. ungenähte Rock Christi wurde nach den Zeugnissen, die hier angeführt werden, von der allerseligsten Jungfrau Maria mit Kunst gewebt für ihren geliebtesten Sohn Jesus Christus. Im Morgenland pflegten nämlich die Frauenspersonen die Kleider selbst zu verfertigen, wie wir dies aus der h. Schrift ersehen."[22] Ganz offensichtlich sollte die Trierer Reliquienverehrung auf diese Weise mit dem gewohnten Marienkult in Verbindung gebracht werden. Die vertraute Marienfigur sicherte dem *Heiligen Rock* vollends die affirmative Zustimmung, die das Trierer Pilgerkollektiv ihm nach Ausweis der Andachtsbücher ohnehin entgegenbringen mußte. Die Wallfahrer glaubten

---

[19] Triersche Zeitung, Nr. 236 (23. Aug. 1844).

[20] Ph. Lichter, Geschichte, S. 13; wörtlich übereinstimmend Caspari, Geschichte, S. 1; ähnlich Sternberg, Vollständige Beschreibung, S. 25.

[21] Caspari, Geschichte, S. 11; Katechismus, S. 8; J. A. J. Hansen, Kurze Beschreibung, S. 18; Andachtsübungen I, S. 9 f.

[22] Ph. Lichter, Geschichte, S. 16; ähnlich auch Andachtsübungen I, S. 5 f.: „Ebenso hört man oft als eine alte Sage erzählen, daß die seligste Jungfrau Maria denselben gewebt habe. Diese Sage ist keineswegs unwahrscheinlich, wenn man bedenkt, daß in jenen alten Zeiten auch die vornehmsten Frauen sich mit dergleichen Handarbeiten beschäftigten, wie dieses die Gelehrten längst schon nachgewiesen haben." Ferner: Sternberg, Vollständige Beschreibung, S. 9; Katechismus, S. 19.

ohne Zweifel vorbehaltlos daran, daß der ausgestellte Stoff das letzte Kleidungsstück des historischen Jesus gewesen sei.[23] Die seit dem Tridentinum geltende dogmatische Lehre der römisch-katholischen Kirche, die besagt, daß Reliquien nicht zur Anbetung, sondern zur Verehrung ausgestellt würden, konnte demgegenüber kaum etwas ausrichten, auch wenn manche Wallfahrtspropagandisten diesen Unterschied ausdrücklich hervorhoben. Es ist daher durchaus wahrscheinlich, daß mancher beten hörte: „Heiliger Rock, bitt' für uns!" und daß im „Ave Maria" der Zusatz „der du den heiligen Rock für uns getragen hast" so „allgemein in den Processionen" gewesen sei, „als wenn der Bischof ihn vorgeschrieben hätte".[24]

Der zweite Mentalitätsbestandteil ergibt sich unmittelbar aus dem ersten: Die Andachtsbüchlein nährten den naiven Wunderglauben der Pilger. Es gab etwa eine „Litanei vom heil. Rocke Christi", die eigentlich eine Litanei der Wunder darstellt, die der Jesus von Nazareth „in diesem heiligen Rocke" vollbracht haben soll.[25] In zahlreichen Liedern wurde „der Rock, worin der Heiland so viele Wunder that", besungen.[26] Schließlich wurde in dem Wallfahrtskatechismus die damit unterstellte materielle Identität des *Heiligen Rokkes* über das ganze Leben Jesu hin zu allem Überfluß auch noch als Wunder bezeichnet.[27] Ein Wunder wird damit durch ein anderes Wunder „erklärt". Es erstaunt infolgedessen nicht, daß die Wunderbereitschaft des Trierer Pilgerkollektivs nahezu unbegrenzt war. Die Berichte von angeblichen Wunderheilungen häuften sich und wurden von der Trierer Kirchenführung geflissentlich

---

[23] Das räumten selbst die Verteidiger der Trierer Wallfahrt ein. Vgl. z. B. Goetz, Protestantismus, S. 7.

[24] Licht, Katholische Stimmen, S. 9. Ähnlich kritisierte ein anonymer Autor in dem Aufsatz: Ueber die Reform der preußischen Ehegesetze, in: Hermann Püttmann (Hg.), Deutsches Bürgerbuch für 1845, Darmstadt 1845, S. 315, die Verwirrung der Begriffe bei den Trierer Pilgern: „Bei der diesjährigen Ausstellung des heiligen Rockes in Trier, versenkten sich die Gläubigen zuletzt so sehr in seine Anschauung, daß sie zu beten anfingen: 'Herr Jesus Christus, der du gebenedeiet wardst diesen heiligen Rock zu tragen'."

[25] Ph. Lichter, Geschichte, S. 48 ff.; eine anderer Fassung bei Caspari, Geschichte, S. 46 ff.

[26] Liederbüchlein, S. 15; auch S. 19: „Ist dies das Kleid, o sage es an, worin du Wunder einst gethan?"; desgleichen u.a.: Sternberg, Vollständige Beschreibung, S. 33 ff.; Andachtsübungen I, S. 26 f.

[27] Katechismus, S. 19; „Sagt man nicht auch, der heilige Rock sei mit unserem Heilande aufgewachsen? Ja, auch dieses war während mehrerer Jahrhunderte der Glaube des Volkes, und noch immer finden sich fromme Leute, die es als wahr annehmen. Aber man hat durchaus keinen Grund dafür, als den, daß Gott, der dieses kostbare Kleid gleichsam durch die Wunder bis auf den heutigen Tag erhalten hat, auch jenes Wunder bewirkt haben mag."

verbreitet. Besonderes Aufsehen erregte nicht zufällig der Fall der westfälischen Gräfin Johanna Droste zu Vischering. Der dramatische Konflikt des Kölner Erzbischofs Clemens August Droste zu Vischering mit der preußischen Regierung lag erst sieben Jahre zurück. Sowohl Verteidigern wie aber auch Gegnern der Trierer Wallfahrt kam es daher gelegen, gerade diesen Adelsnamen – die Gräfin Johanna war eine Großnichte des Erzbischofs – erneut hochzuspielen.[28] Der Bischof mußte nach einer Woche dem angeblich „mächtigen Verlangen" der Pilger nachgeben und die allgemeine Berührung der Reliquie zulassen.[29] In dieses Berührungsritual wurden auch die zahlosen Devotionalien einbezogen, welche die Pilger in Trier erwarben.[30] Damit traten in der Mentalität des Pilgerkollektivs Anzeichen ausgesprochen magischer Religiosität zutage. Das Berührungsritual weckte Emotionen, die kognitiv kaum weiter kontrolliert werden konnten.

Welche Auswirkungen das hatte, läßt sich recht eindrucksvoll dem Tagebuch einer Koblenzer Pilgerin entnehmen, das durch einen glücklichen Zufall erhalten geblieben ist.[31] Der minuziöse Bericht dieser Frau läßt erkennen, daß vor allem die Wallfahrerinnen auf ihrem Weg beträchtlichen körperlichen Entbehrungen ausgesetzt waren. Auf tagelangen Märschen mußte die Frau mit feuchten Strohlagern, dünnem Kaffee und wenig Nahrung vorliebnehmen. Dennoch wanderte sie in geradezu chiliastischer Erwartung von Ort zu Ort und von Gottesdienst zu Gottesdienst, um schließlich mit ihrer Prozession den Trierer Dom zu erreichen. Hier erlebte sie, wie „alle Menschen weinten", als ein gelähmter Priester zur Erwirkung eines Wunders in den Dom getragen

---

[28] Vgl. Bistumsarchiv Trier, Abt. 91, Nr. 228; V(alentin) Hansen, Aktenmäßige Darstellung wunderbarer Heilungen, welche bei der Ausstellung des hl. Rockes zu Trier im Jahre 1844 sich ereigneten, Trier 1845; Dreiundzwanzig wunderbare Heilungen, Koblenz 1845; Bericht über die wunderbaren Heilungen, welche sich zur Zeit der öffentlichen Ausstellung des hl. Rockes im Dome zu Trier an elf frommen Pilgern ereigneten, Luxemburg 1844; Gottes Urtheil über die Wallfahrt zum hl. Rocke, unumstößlicher Beweis für die Aechtheit des hl. Rockes in Trier und die Rechtmäßigkeit seiner Verehrung aus den wunderbaren Heilungen, die sich während der Ausstellung desselben im Jahre 1844 bei demselben ereignet haben, Koblenz 1845. Dazu J. Marx, Ausstellung, im Anhang S. 80 ff. Polemisch-kritisch: Wundertäter und Ablaßkrämer im 19. Jahrhundert, Wesel 1845. Vgl. ferner besonders auch das später weit verbreitete Spottlied von Rudolf Löwenstein „Freifrau von Droste Vischering" im Anhang, S. 92.

[29] J. Marx, Ausstellung, S. 89.

[30] Ebda., S. 60 ff.

[31] Bistumsarchiv Trier, Abt. 91, Nr. 230a: Tagebuch der Maria Fröhlich aus Neuwied über ihre Wallfahrt 1844. Das Tagebuch wurde publiziert durch Lichter, Wallfahrt der Maria Fröhlich aus Neuwied.

wurde. Sie selbst setzte alles daran, nach ihrem ersten Prozessionsbesuch noch ein zweites Mal in den Dom zu kommen, um „mehrere religiöse Sachen", die sie inzwischen gekauft hatte, „anrühren zu lassen". Und tatsächlich hatte sie „das Glück, einen Augenblick am heiligen Rock knien zu können". Nach der Heimkehr registrierte sie das Ausbleiben von Erkältungskrankheiten als ihr privates Rockwunder.

Ein drittes Element in der Mentalitätsstruktur des Wallfahrtskollektivs war schließlich das der Kompensation. Die Pilger sangen ein Lied über „Das Kleid der Armuth", in dem es u.a. heißt:

> „Er selber litt stets Noth und Mangel
> als er auf Erden hat geweilt.
> Drum, Menschenkind, o klage nimmer,
> wenn Armuth deine Tage trübt,
> denn mehr hat Jesus einst ertragen,
> weil er uns alle so geliebt!"[32]

Das waren traditionale religiöse Beschwörungsformeln, aber die Pilger konnten sich damit über ihre soziale Not hinwegtrösten, auch wenn dies nicht der ursprüngliche Sinn des Liedes gewesen sein mochte. Hier genau haben die Wallfahrtsgegner angesetzt. Besonders vorwurfsvoll äußerte sich ein Weseler Anonymus:

> „Unsere Zeit ist eine schwere Zeit; sie lastet drückend wie ein Alp auf dem deutschen Vaterlande. Das öffentliche Elend ist im furchtbarsten Steigen begriffen; die Noth wächst; der Hunger schreit nach einem Stücke trocknen Brodes; die Verzweiflung ist erwacht und hat die Schrecken der Ordnung überschritten; das Verbrechen rüttelt sich auf; es schreitet einher; die Glocke hat Aufstand verkündet im ruhigduldsamen deutschen Lande und roth glühte die Fackel des Aufruhrs in sonst stiller, fleißiger Männer Hände. Das sind die Zeichen der schweren Zeit im Vaterlande; wer will sie leugnen? Und während also die materielle Wohlfahrt darniederliegt, der Kummer nagt, die Sorge ängstigt, die Noth weint und wehklagt, legt die künstlich hervorgerufene religiöse Gefühlsrichtung unserer Zeit der Menschheit das Seelenheil ans Herz."[33]

---

[32] Liederbüchlein, S. 11 f.; Sternberg, Vollständige Beschreibung, S. 45.
[33] Wunderthäter und Ablaßkrämer, S. 118 f.

Unmißverständlich wird hier die Trierer Wallfahrt mit dem schlesischen Weberaufstand des gleichen Jahres in Zusammenhang gebracht. Die Beunruhigung über den aufsehenerregenden Hungeraufstand führt zur Kritik an einer Kirche, welche die 'darniederliegende materielle Wohlfahrt' durch den Verweis auf das jenseitige Seelenheil kompensieren wolle.

Das waren sicherlich sehr plakative Vorwürfe. Das Wallfahrtsliedgut enthielt jedoch gehäuft solche Vertröstungen. Bezeichnenderweise wurde von einer ganzen Reihe von ultramontanen Publizisten der Ablenkungscharakter der religiösen Veranstaltung in Trier auch nicht bestritten. Man räumte ein, daß es sich bei den Trierer Pilgern überwiegend um ebenso besitzlose wie politisch unmündige Menschen handelte. Die Wallfahrt sei für diese Menschen daher eine „glückliche Erholung" gewesen,[34] durch die sie „das Einerlei der täglichen Umgebungen" für eine Weile überwinden,[35] „alle Unterschiede des Lebensglückes kurze Zeit" vergessen konnten.[36] „Soll denn der Arme", fragte ein Anonymus, „eben weil er es ist, nie über die Grenzen seiner Gemarkung hinaussehen? Soll er stets eingeschlossen bleiben in seine ärmliche Hütte, unter sein dürftiges Strochdach? Fahrt nur fort ihr falschen Volksfreunde, die ihr bei reichbesetzten Tafeln und perlenden Weinen über die Mittel beratet, wie die Not der Armen zu hindern sey, fahret nur fort, diese Tag und Nacht in die Fabriken und an Sonn- und Festtagen in ihre Wohnungen einzusperren."[37] Bemerkenswert ist, daß auch dieser Schreiber die Trierer Wallfahrt mit dem schlesischen Weberaufstand, von ihm „schlesische Arbeiter-Unruhen" genannt, in Zusammenhang brachte. Seine Folgerungen entsprangen jedoch der tradtionalen christlichen Devotions- und Caritas-Gesinnung: Die Religion war ihm „ganz vorzüglich trostbringend für den diesseits Armen". Die meisten der Armen, die in Trier waren, hätten „fortan ihr Elend und ihre Noth geduldiger und freudiger ertragen".[38]

Andere Wallfahrtsapologeten wurden sogar noch deutlicher: „Das Evangelium aber giebt allen Menschen ohne Unterschied bei dem diesseitigen ungleichen Güterbesitze, im Hinweis auf das jenseitige Reich, die trostvolle Lehre

---

[34] Götz, Protestantismus, S. 14.

[35] Volk, Gewerbeausstellung, S. 30.

[36] Der Seifenblasen-Jubel über den Ronge'schen Brief oder Götzendienst in allen Ecken, Leipzig 1844, S. 45.

[37] Herr Johannes Ronge mit Gründen widerlegt, für Katholiken und Protestanten, Mainz 1844, S. 33.

[38] Ebda., S. 48, 34.

von der göttlichen Fürsehung. Wer den Glauben an diese Lehre in seinem Herzen trägt, der ist bei der vorhandenen verschiedenen Gütervertheilung mit seinem Loose zufrieden, auch wenn er im Schweiße seines Angesichts sein Brod sich zu verdienen hat." Und weiter: „Wer aber hier den Communismus, und dazu in solcher Weise, wie es die Breslauer Zeitung und der Ronge'sche Brief gethan, insinuiren zu können glaubt, der hat um ein Großes Unrecht; er erregt unter den Proletariern Unzufriedenheit mit Gott und der Welt; er macht sie lüstern nach fremdem Eigenthum und bahnt den Weg zu Unruhen, wie wir in unserem Gebirge sie erlebt haben; er läßt den Unschuldigen mit dem Schuldigen ein Opfer des Pöbels werden."[39] Die durch die Trierer Wallfahrt aktivierte christliche Religiosität wird hier eindeutig als Immunisierungsmittel gegen den aufkommenden 'Kommunismus' propagiert. Mit realistischem Weitblick meinte ein anderer, ähnlich argumentierender Wallfahrtsautor: „Ich sage euch, solange ihr nicht Mittel findet, die Bedürfnisse, welche die Kirche so gut zu befriedigen versteht, besser zu befriedigen als sie, wird alle eure Anstrengung vergeblich sein." Er endet seine Schrift mit dem Aufruf, „an einer Verbesserung der wirklichen Zustände zu arbeiten". Vorläufig sei die Kirche „bei dem Volke, auf das wir zu wirken vermeinen", anderen an Einfluß weit überlegen.[40]

Zweifellos war dies eine Erkenntnis, die dem Ergebnis der Trierer Wallfahrt in vollem Umfang Rechnung trug. Schon während der Wallfahrt fiel manchen Beobachtern die erstaunliche Ergebenheit der Pilger gegenüber den begleitenden Priestern auf.[41] Jakob Marx stellte in seinem offiziösen Resümee befriedigt fest, daß durch die Wallfahrt die Verbindung zwischen Gemeindegliedern und Pfarrer sowie zwischen Gemeinden und Bischof erheblich verbessert worden sei.[42] Ähnlich äußerte sich auch der radikale Mainzer Ultramontanist Caspar Riffel: „Und wie das Volk seinen Priestern auf dem Zuge als Führer vertrauensvoll folgte, so ward auch auf die Dauer das Band zwischen beiden wieder

---

[39] J(ohann) B(aptist) Baltzer, Pressfreiheit und Censur mit Rücksicht auf die Trierer Wallfahrt und den doppelten Anklagezustand der schlesischen Tagespresse, Breslau 1845, S. 64.

[40] Seifenblasen-Jubel, S. 47.

[41] Vgl. z. B. den Reisebericht von Starklof, zit. in: Die Wallfahrt nach Trier, S. 24 f. Danach antworteten einige Pilgerinnen auf die anhand eines Andachtsbuches gestellte Frage, „was für Heil" sie sich von der Wallfahrt erwarteten: „Das sei eigentlich die Sache des Herrn Pfarrers, der ihnen gesagt, die Wallfahrt zum Herrgottsrocke wasche rein von allen Sünden für Vergangenheit und Zukunft; das sei doch ein köstlicher Hausschatz, mit solcher Wanderung gar wohlfeil erkauft, [...]".

[42] J. Marx, Ausstellung, S. 129 f.

fester geknüpft."⁴³ Selbst preußische Beamte sahen die Unterwerfung der Pilger unter den klerikalen Führungsanspruch der Priester als erfreuliches Ergebnis der Trierer Wallfahrt an.⁴⁴

Daß es der katholischen Kirchenführung mit der Trierer Wallfahrt im 19. Jahrhundert erstmals gelang, sich nicht nur ihres religiösen, sondern auch ihres gesellschaftspolitischen Einflusses auf die breite Masse der Gläubigen zu versichern, ermöglichte es ihr, wenig später in der Revolution von 1848/49 erneut eine eher bremsende Rolle zu spielen. Es ist zwar ohne Frage bemerkenswert, daß sich die kirchliche Führungselite in der 1848 entstehenden Deutschen Bischofskonferenz unter Führung des Kölner Kardinals Geissel selbstbewußt für die Unabhängigkeit der katholischen Kirche vom Staat erklärte.⁴⁵ In politischer Hinsicht ist jedoch entscheidend, daß sie, von wenigen Ausnahmen, zu denen der Trierer Bischof Arnoldi nicht gehörte, abgesehen, deutlich konservative Positionen vertrat. Die katholische Laienbewegung, die sich in dem bezeichnenderweise erst nach der Trierer Wallfahrt aufblühenden Vereinswesen, vom Borromäusverein (1844) über den ersten katholischen Studentenverein (Bavaria Bonn 1844), den Vincenzverein (1845) bis zum Piusverein (1848) entfaltete, sah sich zunehmend klerikalem Druck ausgesetzt.⁴⁶ Zu einer dauerhaften Verbindung von katholischer und liberaler Bewegung, wie sie etwa in Belgien oder Irland vollzogen wurde, ist es daher in Deutschland 1848/49 nicht gekommen. Schon 1852 zog ein katholischer Theologieprofessor das Fazit aus der Politik seiner Kirche in der Revolution: „Alles im Bereich der Staatsgewalt wankte unsicher hin und her und folgte der Bewegung, nur das Gefüge des kirchlichen Organismus hielt stand, gerade wie beim Untergange der römischen Herrschaft im Abendlande, und wie damals erkannte man auch jetzt in der Kirche die konservativste Macht der Sozialität, die ihr, so wie die Dinge sich gestaltet haben, mehr als je unentbehrlich ist."⁴⁷

---

⁴³ Der Katholik 25 (1844), S. 582.

⁴⁴ Landeshauptarchiv Koblenz, Abt. 441, Nr. 1312: Landrat Cochem an Reg. Präs. Koblenz, 2. Dez. 1844.

⁴⁵ Rudolf Lill, Die ersten deutschen Bischofskonferenzen, Freiburg/Basel/Wien 1964.

⁴⁶ Vgl. dazu die in Kürze als Buch erscheinende Trierer Dissertation von Jürgen Herres über „Städtische Gesellschaft und katholische Vereine im Rheinland 1840–1870".

⁴⁷ Fr. A. Scharpff, Vorlesungen über die neueste Kirchengeschichte, Bd. 2, Freiburg 1852, S. 136. Vgl. auch Joseph Hergenröther, Handbuch der allgemeinen Kirchengeschichte, Bd. 2, Freiburg 1877, S. 861: „In den Wirren des Revolutionsjahres 1848 bewahrten Bischöfe und Klerus eine streng konservative Haltung und trugen vieles zur Beschwichtigung der aufgeregten Gemüter bei."

Die Trierer Wallfahrt von 1844 war ohne Frage ein vorübergehendes Ereignis. Sie hatte keine unmittelbaren gesellschafts- oder kirchenpolitischen Folgen. Aber sie bewies, daß die Kirchenführung des Rheinlandes, wenn sie das nur wollte, große Teile der sozialen Unterschicht, soweit sie katholisch war, mobilisieren konnte. Die Wallfahrt von 1891 demonstrierte das aufs Neue. Anders als noch 1844 konnte die katholische Kirche zu dieser Zeit schon eine Reihe von sozialpolitischen Angeboten machen, die den religiösen Massenauflauf in Trier gleichsam verstetigten.[48] Die organisierte Volksfrömmigkeit, wie sie schon in der Trierer Großwallfahrt von 1844 zum Ausdruck kam, war jedoch eine wichtige Voraussetzung für die gesellschaftspolitischen Erfolge der katholischen Kirche in der zweiten Hälfte des 19. Jahrhunderts. Indem sich in ihr religiöse und soziale Bewegung verschränkten, verwies die Wallfahrt von 1844 auch auf die Möglichkeiten einer künftigen Gesellschaftspolitik unter religiösen Vorzeichen.

---

[48] Zur Wallfahrt von 1891 vgl. Korff, Heiligenverehrung und soziale Frage. Zum Sozialkatholizismus in der zweiten Hälfte des 19. Jahrhunderts vgl. Ernst Hanisch, Konservatives und revolutionäres Denken. Deutsche Sozialkatholiken im 19. Jahrhundert, Wien 1975; Erwin Iserloh, Die soziale Aktivität der Katholiken im Übergang von caritativer Fürsorge zu Sozialreform und Sozialpolitik, Mainz 1975; Thomas Nipperdey, Religion im Umbruch. Deutschland 1870–1918, München 1988.

Anhang

Karikaturen zur Wallfahrt 1844 (die untere von den Versen begleitet: „Heran, jedweder Sündenbock!/Hier ist zu seh'n der heil'ge Rock,/Wer wacker zahlt, Mann oder Weib/Der wird gesund an Seel und Leib"). Kreidelithographien auf Papier von unbekanntem Künstler, 1844. Stadtarchiv Trier, Graphiksammlung.

I. Zeitgenössische Texte zur Wallfahrt von 1844

Die Trierer Wallfahrt von 1844 führte zu einem ungewöhnlich heftigen öffentlichen Meinungsstreit. Es dürfte in Deutschland keine Zeitung gegeben haben, die nicht mehr oder weniger ausführlich über diese Wallfahrt und den darüber entbrannten Streit berichtet hätte. Noch bemerkenswerter ist, daß Vorbereitung, Verlauf und Ergebnis der Wallfahrt zum sogenannten Heiligen Rock von einer Flut von Broschüren und Flugschriften begleitet wurde. Einige neuere, aber auch schon mehrere zeitgenössische Bibliographien geben Aufschluß über den angesichts des vormärzlichen Zensursystems erstaunlich offenen Meinungsstreit. Sie werden im Literaturverzeichnis zu dieser Untersuchung aufgeführt.

Im folgenden werden einige der wichtigsten Texte zum Wallfahrtsstreit vorgestellt. Drei der Verfasser, nämlich Johannes Ronge, Peter Alois Licht und Rudolf Löwenstein, gehörten zu den schärfsten Kritikern des Wallfahrtsunternehmens. Von den anderen drei sind Jakob Marx und Joseph v. Görres zu dessen wirkungsvollsten Verteidigern zu rechnen. Der Text des zur Zeit der Wallfahrt längst verstorbenen Johann Wilhelm Schreiber gehörte zu den 1844 verbreitetsten Wallfahrtsgesängen. Die Lektüre dieser Texte kann somit einen Eindruck von der Schärfe der Gegensätze vermitteln. Zugleich läßt sie ex contrario den Zusammenhang von religiöser und sozialer Bewegung erkennen, der für die Trierer Wallfahrt von 1844 so charakteristisch war.

Die Texte werden durchweg in moderner Schreibweise und Interpunktion wiedergegeben. Jedem Text werden kurze quellenkritische und überlieferungsgeschichtliche Hinweise vorangestellt. Die Herkunft einiger Namen und Zitate wird in Anmerkungen nachgewiesen.

1. Johannes Ronge
Urteil eines katholischen Priesters über den heiligen Rock zu Trier

Der Text des 1844 schon suspendierten katholischen Priesters Johannes Ronge (1813–1887) wird nach der Erstveröffentlichung in den Sächsischen Vaterlandsblättern, Nr. 164 (13. 10. 1844), S. 667 f., wiedergegeben. Das 'Sendschreiben' wurde sofort in unveränderter Fassung mit den Erscheinungsorten „Breslau 1844" und „Halle 1844" als Sonderdruck verbreitet. Darüber hinaus sind zahlreiche Nachdrucke nachzuweisen: Urtheil eines katholischen Priesters über den „heiligen" Rock zu Trier, Wesel 1844; Der heilige Rock zu Trier im Jahre 1844. Brief des katholischen Priesters Ronge mit einem Vorwort eines Laien, Darmstadt 1844; Schreiben des katholischen Pfarrers Johannes Ronge an den Bischof Arnoldi von Trier den heiligen Rock betreffend, Braunschweig 1844; Der Brief des katholischen Priesters Ronge gegen den „heiligen" Rock zu Trier, Frankfurt 1844; Der Brief des katholischen Priesters Johannes Ronge an den Bischof Arnoldi zu Trier, Offenbach 1844; Urtheil eines katholischen Priesters über den heiligen Rock zu Trier, Dortmund 1844, Zweite, mit einer kurzen Lebensbeschreibung vermehrte Auflage, Dortmund 1844; Urtheil eines katholischen Priesters über den „heiligen" Rock zu Trier mit einer Lebensbeschreibung des Verfassers, Elberfeld 1844; Brief gegen die Ausstellung des heiligen Rocks zu Trier an den Bischof Arnoldi, Striesen 1844; Über den heiligen Rock zu Trier, Frankfurt 1844 (Frankfurter Journal Nr. 300, 1844, Extrabeilage); Johannes Ronge und der heilige Rock. Ein Beitrag zur Geschichte des 19. Jahrhunderts, Arnstadt 1844, 2. Aufl. Arnstadt 1845, S. 8– 13; Johannes Ronges' (katholischer Priester) Offenes Sendschreiben an den Bischof Arnoldi zu Trier, Offenbach 1845; Protestation (Urtheil eines katholischen Priesters über den „heiligen" Rock zu Trier), Paris 1845; Johannes Ronges Leben und Wirken nebst den seine Degradation und Exkommunikation veranlaßten Aufsätzen: „Rom und das Breslauer Domkapitel" und „Urtheil eines katholischen Priesters über den heil. Rock zu Trier", Jena 1845, 3. Aufl. Jena 1845; Urtheil des katholischen Priesters Herrn Johannes Ronge über den heil. Rock zu Trier, in: Heil.-Rock-Album. Eine Zusammenstellung der wichtigsten Aktenstücke, Briefe, Adressen, Berichte und Zeitungsartikel über die Ausstellung des heiligen Rockes in Trier, Leipzig (1845), S. 63–68; Johannes Ronge's erster, vierter und fünfter Brief. Oder dessen Aufruf an den Bischof Arnoldi zu Trier, an das katholische Volk und an die katholischen Schullehrer, Lübeck 1845, S. 3–6. Da der Text auch in zahlreichen Zeitungen nachgedruckt wurde, ist diese Liste sicherlich nicht ganz vollständig, sie belegt jedoch hinreichend die außerordentliche Verbreitung von Ronges 'Sendschreiben'.

Bibliographische Nachweise bei Wolfgang Schieder, Der Trierer Wallfahrtsstreit von 1844. Eine Bibliographie, in: Kurtrierisches Jahrbuch 14 (1974), S. 152, 154 f.; Friedrich Wilhelm Graf, Die Politisierung des religiösen Bewußtseins. Die bürgerlichen Religionsparteien im deutschen Vormärz: Das Beispiel des Deutschkatholizismus, Stuttgart 1978, S. 399; Michael Embach (Hg.), Tunica Domini. Eine Literaturdokumentation zur Geschichte der Trierer Heilig-Rock-Verehrung, bearbeitet von Helmut Krämer, Trier 1991, S. 49.

Der Text wird in der Fassung wiedergegeben, in der er in den sächsischen Vaterlandsblättern veröffentlicht worden ist. Die weiteren Fassungen des 'Sendschreibens' enthalten zahlreiche Varianten, die jedoch fast ausnahmslos die Interpunktion oder die Orthographie betreffen. Von einer kritischen Synopse der Texte kann daher hier abgesehen werden.

Vgl. zu Ronge: Friedrich Wilhelm Graf, Johannes Ronge, in: Martin Greschat (Hg.), Gestalten der Kirchengeschichte 9,2, Stuttgart 1985, S. 153–164.

Laurahütte, den 1. Oktober.

Was eine Zeitlang wie Fabel, wie Märe an unser Ohr geklungen, daß der Bischof Arnoldi von Trier ein Kleidungsstück, genannt der Rock Christi, zur Verehrung und religiösen Schau ausgestellt, Ihr habt es schon gehört, Christen des 19. Jahrhunderts, Ihr wißt es, deutsche Männer, Ihr wißt es, deutsche Volks- und Religionslehrer, es ist nicht Fabel und Märe, es ist Wirklichkeit und Wahrheit. Denn schon sind, nach den letzten Berichten, fünfmalhunderttausend Menschen zu dieser Reliquie gewallfahrtet, und täglich strömen andere Tausende herbei, zumal, seitdem erwähntes Kleidungsstück Kranke geheilt, Wunder gewirkt hat. Die Kunde davon dringt durch die Lande aller Völker, und in Frankreich haben Geistliche behauptet, sie hätten den wahren Rock Christi, der zu Trier sei unrecht.[1] Wahrlich, hier finden die Worte Anwendung: „Wer über gewisse Dinge den Verstand nicht verlieren kann, hat keinen zu verlieren".[2] Fünfmalhunderttausend Menschen, fünfmalhunderttausend verständige Deutsche sind schon zu einem Kleidungsstücke nach Trier geeilt, um dasselbe zu verehren oder zu sehen! Die meisten dieser Tausende sind aus den niederen Volksklassen, ohnehin in großer Armut, gedrückt, unwissend, stumpf, abergläubisch und zum Teil entartet, und nun entschlagen sie sich der Bebauung ihrer Felder, entziehen sich ihrem Gewerbe, der Sorge für ihr Hauswesen, der Erziehung ihrer Kinder, um nach Trier zu reisen zu einem Götzenfeste, zu einem unwürdigen Schauspiele, das die römische Hierarchie aufführen läßt. Ja, ein Götzenfest ist es, denn viele Tausende der leichtgläubigen Menge werden verleitet, die Gefühle, die Ehrfurcht, die wir nur Gott schuldig sind, einem Kleidungsstücke zuzuwenden, einem Werke, das Menschenhände gemacht haben. Und welche nachteiligen Folgen haben diese Wallfahrten? Tausende der Wallfahrer darben sich das Geld ab für die Reise und für das Opfer, das sie den heiligen Rock, d. h. der Geistlichkeit spenden, sie bringen es mit Verlusten zusammen oder erbetteln es, um nach der Rückkehr zu hungern, zu darben oder von den Anstrengungen der Reise zu erkranken. Sind diese äußeren Nachteile schon groß, sehr groß, so sind die morali-

---

[1] Vgl. L. F. Guerin, La Sainte Robe de N. S. Jésus-Christ, Paris 1844; ders., Des Vêtements de N. S. Jésus-Christ, honorés dans l'Eglise d'Argenteuil près de Paris et dans la cathédrale de Trèves, Argenteuil 1844. Vgl. auch die historische Kritik der Bonner Professoren J(ohann) Gildemeister, H(einrich) von Sybel, Der heilige Rock zu Trier und die zwanzig andern Heiligen Ungenähten Röcke. Eine historische Untersuchung, Düsseldorf 1844, 3. Auflage Düsseldorf 1845.

[2] Das Zitat aus Lessings „Emilia Galotti" von 1772 lautet im Original: „Wer über gewisse Dinge den Verstand nicht verliert, der hat keinen zu verlieren." Vgl. Gotthold Ephraim Lessing, Emilia Galotti, in: ders., Werke, 2. Bd., Darmstadt 1971, S. 187.

schen noch weit größer. Werden nicht manche, die durch die Reisekosten in Not geraten sind, auf unrechtmäßige Weise sich zu entschädigen suchen? Viele Frauen und Jungfrauen verlieren die Reinheit ihres Herzens, die Keuschheit, den guten Ruf, zerstören dadurch den Frieden, das Glück, den Wohlstand ihrer Familie.

Endlich wird durch dieses ganz unchristliche Schauspiel dem Aberglauben, der Werkheiligkeit, dem Fanatismus und was damit verbunden ist, der Lasterhaftigkeit Tor und Angel geöffnet. Dies der Segen, den die Ausstellung des heiligen Rockes verbreitet, von dem es im übrigen ganz gleich ist, ob er echt oder unecht.

Und der Mann, der dieses Kleidungsstück, ein Werk, das Menschenhände gemacht(!) zur Verehrung und Schau öffentlich ausgestellt hat, der die religiösen Gefühle der leichtgläubigen, unwissenden oder der leidenden Menge irreleitet, der dem armen hungernden Volke Gut und Geld entlockt, der die deutsche Nation dem Spott der übrigen Nationen preisgibt, und der die Wetterwolken, die ohnehin sehr schwer und düster über unseren Häuptern schweben, noch stärker zusammenzieht, dieser Mann ist ein Bischof, ein deutscher Bischof, es ist der Bischof Arnoldi von Trier.

Bischof Arnoldi von Trier, ich wende mich darum an Sie und fordere Sie kraft meines Amtes und Berufes als Priester, als deutscher Volkslehrer und im Namen der Christenheit, im Namen der deutschen Nation, im Namen der Volkslehrer auf, das unchristliche Schauspiel der Ausstellung des heiligen Rockes aufzuheben, das erwähnte Kleidungsstück der Öffentlichkeit zu entziehen und das Ärgernis nicht noch größer zu machen, als es schon ist!

Denn wissen Sie nicht, als Bischof müssen Sie es wissen, daß der Stifter der christlichen Religion seinen Jüngern und Nachfolgern nicht seinen Rock, sondern seinen Geist hinterließ? Sein Rock, Bischof Arnoldi von Trier, gehört seinen Henkern! Wissen Sie nicht, als Bischof müssen Sie es wissen, daß Christus gelehrt: „Gott ist ein Geist und wer ihn anbetet, soll ihn im Geist und in der Wahrheit anbeten?"[3] Und überall kann er verehrt werden, nicht etwa bloß zu Jerusalem im Tempel, auf dem Berge Garizim[4] oder zu Trier beim heiligen Rocke. Wissen Sie nicht, als Bischof müssen Sie es wissen, daß das Evangelium die Verehrung jedes Bildnisses, jeder Reliquie ausdrücklich verbietet, daß die Christen der Apostelzeit und der ersten drei Jahrhunderte

---

[3] Joh. 4,24.

[4] Der Berg Garizim bzw. Gerizzim (heute Dschebel el-tor in Jordanien) gilt nach samaritischer Überlieferung als Berg der Verkündigung.

weder ein Bild noch eine Reliquie (sie konnten deren doch viele haben!) in ihren Kirchen duldeten, daß die Verehrung der Bilder und Reliquien heidnisch ist und daß die Väter der ersten drei Jahrhunderte die Heiden deshalb verspotteten? Z.B. heißt es (div. inst. II, c. 2.):[5] die Bildnisse sollten doch eher, wenn sie Leben hätten, die Menschen verehren, von denen sie gemacht sind, nicht umgekehrt (Nec intelligunt homines ineptissimi, quod si sentire simulacra et moveri possent, altro adoratura hominem fuissent, a quo sunt expolita.).[6]

Endlich, wissen Sie nicht, als Bischof müssen Sie auch dies wissen, daß der gesunde kräftige Geist der deutschen Völker sich erst im 13. und 14. Jahrhundert durch die Kreuzzüge zu Reliquienverehrung erniedrigen ließ, nachdem man in ihm die hohe Idee, welche die christliche Religion von der Gottheit gibt, durch allerlei Fabeln und Wundergeschichten, aus dem Morgenlande gebracht, verdunkelt hatte? Sehen Sie, Bischof Arnoldi von Trier, dies wissen Sie und wahrscheinlich besser, als ich es Ihnen sagen kann, Sie kennen auch die Folgen, welche die götzenhafte Verehrung der Reliquien und der Aberglaube überhaupt für uns gehabt hat, nämlich Deutschlands geistige und äußere Knechtschaft, und dennoch stellen Sie ihre Reliquie aus zur öffentlichen Verehrung. Doch, wenn Sie vielleicht dies alles nicht wüßten, wenn Sie nur das Heil der Christenheit durch die Ausstellung der Trierschen Reliquie erzielten, so haben Sie doch eine doppelte Schuld dabei auf Ihr Gewissen geladen, von der Sie sich nicht reinigen können. Einmal ist es unverzeihlich von Ihnen, daß Sie, wenn dem bewußten Kleidungsstücke wirklich eine Heilkraft beiwohnt, der leidenden Menschheit dieselbe bis zum Jahre 1844 vorenthalten zu haben. Zum anderen ist es unverzeihlich, daß sie Opfergeld von den Hunderttausenden der Pilger nehmen. Oder ist es nicht unverzeihlich, daß Sie als Bischof Geld von der hungernden Armut unseres Volkes annehmen? Zumal Sie erst vor einigen Wochen gesehen haben, daß die Not Hunderte zu Aufruhr und zu verzweifeltem Tode getrieben hat? Lassen Sie sich im übrigen nicht täuschen durch den Zulauf von Hunderttausenden und glauben Sie mir, daß während Hunderttausende der Deutschen voll Inbrunst nach Trier eilen, Millionen gleich mir von tiefem Grauen und bitterer Entrüstung über Ihr unwürdiges Schauspiel erfüllt sind. Diese Entrüstung findet sich

---

[5] Zitat aus der zwischen 304 und 313 verfaßten, 1844 gerade neu edierten Schrift von Caecilius Firmianus Lactantius „Divinae institutiones". Vgl. Firm. Lactantii divin. inst., in: J.P. Migne (Hg.). Patrologiae cursus completus/Series Latina, Bd. 6, Paris 1844, S. 260.

[6] Die offensichtlich irrtümliche Auslassung des Wortes „altro" wird ergänzt.

nicht etwa bloß bei einem oder dem anderen Stande, bei dieser oder jener Partei; sondern bei allen Ständen, ja selbst bei dem katholischen Priesterstande. Daher wird Sie das Gericht eher ereilen, als Sie vermuten. Schon ergreift der Geschichtsschreiber den Griffel und übergibt Ihren Namen, Arnoldi, der Verachtung bei Mit- und Nachwelt und bezeichnet Sie als den Tetzel des 19. Jahrhunderts![7]

Sie aber, meine deutschen Mitbürger, ob Sie nahe oder fern von Trier wohnen, wenden Sie alles an, daß dem deutschen Namen nicht länger eine solche Schmach angetan werde. Sie haben Stadtverordnete, Gemeindevorsteher, Kreis- und Landstände, wohlan, wirken Sie durch dieselben. Suchen Sie ein jeder nach Kräften und endlich einmal entschieden der tyrannischen Macht der römischen Hierarchie zu begegnen und Einhalt zu tun; denn nicht bloß zu Trier wird der moderne Ablaßkram getrieben. Sie wissen es ja, in Ost und West, in Nord und Süd werden Rosenkranz-, Meß-, Ablaß-, Begräbnisgelder und dergleichen eingesammelt und die Geistesnacht nimmt immermehr überhand. Gehen Sie alle, ob Katholiken oder Protestanten, ans Werk, es gilt unsere Ehre, unsere Freiheit, unser Glück. Erzürnen Sie nicht die Manen ihrer Väter, welche das Kapitol zerbrachen, indem Sie die Engelsburg in Deutschland dulden. Lassen Sie nicht die Lorbeerkränze eines Huß, Hutten, Luther beschimpfen. Leihen sie Ihren Gedanken Worte und machen Sie ihren Willen zur Tat.

Endlich Sie, meine Amtsgenossen, die Sie das Wohl Ihrer Gemeinden, die Ehre, die Freiheit das Glück ihrer deutschen Nation wollen und anstreben, schweigen Sie nicht länger; denn Sie versündigen sich an der Religion, an dem Vaterlande, an Ihrem Beruf, wenn Sie länger schweigen und wenn Sie länger zögern, Ihre bessere Überzeugung zu betätigen. Schon habe ich ein anderes Wort an Sie gerichtet, darum für jetzt nur diese wenigen Zeilen. Zeigen Sie sich als wahre Jünger dessen, der alles für die Wahrheit, das Licht und die Freiheit geopfert; zeigen Sie, daß Sie seinen Geist, nicht seinen Rock geerbt haben.

---

[7] Der sächsische Ablaßprediger Johann Tetzel (ca. 1465–1519) veranlaßte Luther zur Abfassung seiner 95 Thesen. Vgl. auch die zeitgenössische Polemik eines Anonymus: Johannes Tetzel, der Ablaßkrämer. Ein Seitenstück zu der Reliquienverehrung und dem heiligen Rock zu Trier, Leipzig 1845.

2. Peter Alois Licht
Die Ausstellung des heiligen Rockes zu Trier in ihren physischen und moralischen Folgen

Der Text des katholischen Pfarrers Peter Alois Licht (1781–1847) aus Leiwen an der Mosel wurde von diesem anonym in der Broschüre Katholische Stimmen gegen die Triersche Ausstellung im Jahre 1844, Frankfurt 1845 (Körner) veröffentlicht. Die Broschüre erschien rasch hintereinander in mehreren Auflagen, zuletzt in der vierten Auflage, Frankfurt 1845. Die Verfasserschaft Lichts wird durch das Vorwort, S. 4 belegt, in dem es heißt: „Der katholische Pfarrer, der, was sein Name sagt, in seinem Wirkungskreise so viel Licht, als er kann, zu verbreiten sucht." Sie wird auch belegt durch die Schrift von (Peter-Alois) Licht, Pfarrer Licht und seine Trennung von der katholischen Kirche. Eine Charakteristik seiner Grundsätze, dargelegt von ihm selbst in einer Correspondenz mit der Bischöflichen Behörde in Trier, seinen Anverwandten daselbst, dem Gemeindevorstand in Leiwen, sowie in Zuschriften von dem verstorbenen Bischof von Hommer und anderen Personen; nebst einem Gesuche an den Herrn Cultus-Minister Eichhorn u.s.f., Frankfurt 1845.

Vgl. zu Licht: Alexander Stollenwerk, Der Deutschkatholizismus in den preußischen Rheinlanden, Mainz 1971, S. 149–155.

Die h. Reliquie ist nun wieder den Augen des Publikums entzogen, die Pilger sind in ihre Heimat zurückgekehrt; sie tun sich darauf viel zu gut, daß sie den Gang getan und ihre Sündenschuld dadurch glauben abgebüßt zu haben. Wären sie durch ihre Wallfahrten wahrhaft gebessert, führten sie nun nach Jesu Lehre und Beispiel ein Leben in Gott, wir wollten es leben und das Tugendmittel, welches dieses bewirkte, hoch anrühmen. Allein, ohne absprechend sein zu wollen und ohne nach dem Schein zu urteilen, dürfen wir hier die Worte des göttlichen Lehrers anwenden, die er über seine Landsleute aussprach: „Viele sind berufen, aber wenige auserwählt,"[8] und: „Dieses Volk ehrt mich zwar mit den Lippen, allein sein Herz ist weit von mir entfernt. Vergebens verehren sie mich."[9] Gewiß werden manche mit erknirschtem Herzen gepilgert, vom Wege des Lasters zu dem der Tugend sich gekehrt und bekehrt haben; allein die Anzahl wird gegen die Menge gering zu veranschlagen sein.

---

[8] Math., 22,14.

[9] Math., 15,8.

Die meisten wallfahrteten, weil die Pilgerreise von geistlicher Behörde selbst systematisch organisiert war, gewiß nicht zur Erbauung des Leibes Christi, weil auri sacra fames überall sichtbar zugrunde lag.[10] Alle Pfarreien waren zum wallfahrten und opfern in den Dom eingeladen. Die Erwartung der hohen Priester unseres bischöflichen Sprengels ward nicht getäuscht. Wunder über Wunder wurden in Stadt und Land keck ausposaunt, vom stupiden Pöbel geglaubt, und so mußte derselbe in unglaublicher Menge herbeigelockt werden. Die Gläubigen aller Pfarreien sollten in zwei Herreshaufen, in zwei verschiedenen unbestimmten Zeiten, heranrücken. Einige erschienen wohl zum dritten Male (ja, eine Dame aus der Stadt zum sechzehnten Male), borgend oder bettelnd oder gar stehlend das Reisegeld zum heiligen Rock nach Trier. Unwissende, bigotte, mitunter hypokritische Priester animierten gewaltig ihre Leute zur Schau der unschätzbaren Reliquie, ohne die der Himmel ihnen nicht zu Teil werden könne. Es grenzt dies ans Unglaubliche und – doch ist es wahr. Sogar die kleinen Kinder wurden zum Heiligtume mitgeschleppt, ja sogar Säuglingen wurde im Dome von Müttern – alle Schamhaftigkeit auf Seite setzend – die Brust gegeben; auch hochschwangere Frauen, im Gedränge des Volks ihre körperlichen Gefahren nicht überlegend, hatten den gewaltigen Zügen der Volksmassen sich angeschlossen. Gleich einem reißenden Strome oder wie ein bösartiges Fieber hatte das heillose Wallfahrten alle ergriffen und in den Strudel hineingezogen. Wer als Katholik – seiner bessern Überzeugung folgend – zurückblieb, ward als Ketzer verschrien und verachtet.

Wirft man nur einen flüchtigen Blick auf dieses sieben Wochen anhaltende Herandrängen der Menschenmassen von nahe und ferne in Bezug auf die schädlichen Folgen derselben, so hat es die ohnehin verarmten Bewohner des Rheins, der Mosel, der Saar, des Hunsrücks und der Eifel Millionen gekostet, dieselben in tiefe Schulden versetzt und manche Haushaltungen gewaltig erschüttert. Eine Bürgersfrau aus Koblenz rühmte sich, zu ihrem dreimaligen Zuge nach Trier 36, schreibe sechsunddreißig, Taler aufgesprochen zu haben. Wollte ein Pilger sich in seinen Ausgaben auch einschränken, es gelang ihm nur halb; er war länger auf der Reise, als er glaubte; hatte er sich auch mit Lebensmitteln auf die Reise versehen, sie gingen vor der Zeit auf und Schlafgeld mußte er überall in den Wirtshäusern zahlen; über Prellereien einiger Wirte in der Stadt Trier wurde sehr geklagt. Ebenso sehr klagten viele Bürger von da und vom Lande, an den Landstraßen wohnend, über den unaufhörli-

---

[10] Licht zitiert hier aus der Aeneis von Vergil. Vgl. Aeneidos, Liber III, 57., in: P. Vergili Maronis Opera, Oxford 1942 (Scriptorum Classicorum Bibliotheca Oxoniensis): „Quid non mortalia pectora cogis, auri sacra fames!"

chen, ungestümen Andrang der bettelnden Wallfahrer. Nicht weniger hat man von konstatierten Diebstählen derselben auf dem Lande und in der Stadt, selbst an heiliger Stätte im Dom, gehört. Daß dem Müßiggange gefrönt, das Hauswesen vernachlässigt und manche Kinder zu Hause ohne Aufsicht zurückgelassen worden, ist auch nicht zu leugnen.

Allein was noch mehr zu bedauern ist, daß der krasse Aberglaube durch das Wallfahrten sein Riesenhaupt wieder erhoben und auf lange Zeit hin tiefe Wurzeln geschlagen hat. Die geistlichen Führer des Volks konnten oder wollten demselben nicht Einhalt tun. Sie konnten nicht wohl; der Bischof als Oberhirt ließ sich bestürmen und bewegen, dem tiefgesunkenen Wohlstande der Gewerbetreibenden in Trier durch Ausstellung der heiligen Reliquie wieder aufzuhelfen; diese in Verbindung mit dem päpstlichen Ablaß brachte auch die gewünschte Wirkung hervor. Der Aberglaube hat viel eingebracht, daher so schätzbar und so unausrottbar. Nur wenige der Pfarrgeistlichen wagten es, das Ding mit dem rechten Namen zu nennen, und so darf man sich nicht wundern, daß durch die blinden Führer der nicht besser unterrichtete Pöbel in die Grube fiel. – Wie im Jahre 1810, so hörte man jetzt wieder manche beten: „Heiliger Rock, bitt' für uns!" Der Zusatz im Ave Maria – nach „gesegnet ist die Frucht deines Leibes Jesus" – „der du den heiligen Rock für uns getragen hast" war so allgemein in den Prozessionen, als wenn der Herr Bischof ihn vorgeschrieben hätte. Die im katholischen, aufgeklärten Deutschland beinahe ganz vergessenen Rosenkränze, traurige Reliquien einer finstern Zeit, des Mittelalters, wurden wieder aus alten Rüstkammern hervorgesucht und neue zu hunderttausend geposselt. Sogar der Jude R. in Trier soll schon vor Beginn des frommen Zugs auf Rosenkränze spekuliert und die Bestellung von 5000 gemacht haben. Er hätte auch für 20000 Absatz gefunden. Dadurch ward nun, leider, der wahre und würdige Begriff des Gebets ganz in den Hintergrund gedrängt, die Osterandacht mit dem Lippengeplärre befördert und die selige Wirkung des Gebets unmöglich gemacht. Doch diese sollte schon durch anrühren der Rosenkränze, Bilder und dergleichen unfehlbar folgen. Der Aberglaube erhielt auch wieder durch diese geistliche Manipulation eine starke Stütze. Wie konnte, wie durfte man sich hier gegen den Pöbel nachgiebig zeigen?!

Die Anbetung Gottes im Geiste und in der Wahrheit ist nun wieder ganz auf Seite geschoben, die Werkheiligkeit erhoben und, wie gesagt, dem krassesten Aberglauben Tür' und Tore geöffnet.

Was mögen unsere evangelischen Glaubensbrüder bei diesem Bigottismus sich denken? Sie werden Gott danken für das Licht, das ihnen durch die Reformation geworden ist. Sie werden aber auch sehr bedauern, daß die Scheidewand zwischen ihnen und den Katholiken fester errichtet und weiter fortgerückt worden ist, und, leider, damit sind sich auch die Herzen entfremdet und abgeneigt geworden – mit ärgerlichen, lieblosen und feindlichen Auftritten in ihrem Gefolge. Die Verfolgungssucht gegen Andersdenkende kam hin und wieder zum Vorschein und das Feuer der Unduldsamkeit ward neuerdings geschürt. Gewiß, wir sind dadurch und durch die erzbischöfliche Geschichte in Köln um ein halbes Jahrhundert zurückgegangen.[11] Welch ein großes Übel! Der religiöse Christ möchte Tränen darüber weinen. Wer trägt die Hauptschuld dieser Geistesverfinsterung und Sklaverei? Der infallibel sein wollende Papst zu Rom mit seinem Ablaßkram. Doch, der gesunde Menschenverstand läßt sich nicht lange ungestraft foppen. Auf Finsternis folgt – Licht.

---

[11] Eine Anspielung auf die Kölner Auseinandersetzungen zwischen preußischem Staat und katholischer Kirche, bei der der Bischof Freiherr Clemens August Droste zu Vischering am 27. 11. 1837 in der Festung Minden inhaftiert wurde.

3. Jakob Marx
Die Ausstellung des h. Rockes in der Domkirche zu Trier im Herbste des Jahres 1844

Auszug (S. 90–92, S. 110–115) aus dem Buch von J(akob) Marx, Die Ausstellung des h. Rockes in der Domkirche zu Trier im Herbste des Jahres 1844, Trier 1845 (Verlag der Fr. Lintz'schen Buchhandlung), 194 S. Der katholische Theologieprofessor am Bischöflichen Seminar zu Trier hatte nach eigener Aussage von Bischof Arnoldi den „ehrenvollen Auftrag" (S.IV) erhalten, eine zusammenfassende Wallfahrtsbeschreibung zu verfassen. Diese kann daher als offiziöser, bischöflich approbierter Text angesehen werden. Von Marx (1803–1876) stammt auch schon die offizielle historische Darstellung der Geschichte des Heiligen Rocks. Vgl. J(akob) Marx, Geschichte des h. Rockes in der Domkirche zu Trier. Bearbeitet auf Veranlassung des Herrn Bischofs von Trier als Einleitung der öffentlichen Ausstellung dieser h. Reliquie im Herbste des Jahres 1844, Trier 1844, 2. mit zwei Anhängen vermehrte Auflage, Trier 1844 (Lintz).

Vgl. zu Marx: Gottfried Kentenich, Jacob M. Marx, in: Allgemeine Deutsche Biographie 52 (1906), S. 223 f.; Franz Xaver Kraus, Jacob M. Marx, in: ebda. 20 (1884), S. 539 f.

Die erste Heilung, welche während der Feierlichkeiten vorgekommen ist, war jene der Gräfin Johanna v. Droste-Vischering, die am 30. August, einem Freitage, vor sich gegangen ist. Da durch diesen Vorgang in vielen Preßhaften das Vertrauen auf wunderbare Erhörung ihres Gebetes um Heilung geweckt oder gesteigert worden ist und derselbe den glaubenslosen Gegnern der Feierlichkeit so viel zu schaffen gemacht hat, so dürfte eine kurze Darstellung desselben hier eine geeignete Stelle finden.

Die Gräfin Johanna v. Droste-Vischering aus Westphalen, Großnichte des Erzbischofs Clemens August von Köln und des Bischofs von Münster,[12] ein Mädchen von 19 Jahren, war seit drei Jahren leidend und lahm, so daß sie sich nur mühsam auf Krücken fortbewegen konnte. Sie litt aber nach Zeugnis der Ärzte an einem skrophulösen Kniegeschwulst, in deren Folge sich eine Verkürzung der Sehnen in der Kniekehle der Art gebildet hatte, daß der Un-

---

[12] Gemeint sind Freiherr Clemens August Droste zu Vischering (1773–1845), 1836–1841 katholischer Erzbischof von Köln, und Freiherr Kaspar Maximilian Droste zu Vischering (1770–1846),1825–1846 katholischer Bischof von Münster. Vgl. Walter Lipgens, Droste zu Vischering, Freiherren v., in: Neue Deutsche Biographie 4 (1959), S. 132–135.

terschenkel mit dem Oberschenkel einen rechten Winkel bildete, das Mädchen also unmöglich mit dem Fuße den Boden auch nur berühren konnte. Zu diesem Zustande befand sich die junge Gräfin zu Kreuznach, wohin sie nun schon zum dritten Male gekommen war, das dortige Bad gegen ihr Übel zu gebrauchen. Als sie dort die Runde von der Ausstellung des h. Rocks zu Trier erfahren, schöpfte sie Hoffnung und Vertrauen, daß, wenn sie den Saum dieser Reliquie berühren könnte, Gott ihr Heilung von dem schwersten ihrer Leiden, der Lahmheit, gewähren würde. Mit ihrer Großmutter, der verwitweten Charlotte Erbdroste zu Vischering, und einer andern Dame nebst Dienerschaft machte sie sich daher in dem oben beschriebenen Zustande zu Kreuznach auf, und hat sodann gleich nach der Ankunft zu Trier am 29. August die Großmutter von ihrem Gasthause (dem roten Hause) aus sich an den Herrn General-Vikar Dr. Müller in einem Schreiben gewendet,[13] ihm darin den Zustand, die Bitte und die Hoffnung ihrer Enkelin vorgetragen, und um die Erlaubnis zur Berührung des h. Rockes für dieselbe nachgesucht. „Meine oben genannte Enkelin, heißt es in diesem Schreiben, ein Mädchen von 19 Jahren, ist seit beinahe drei Jahren immer leidend und lahm, so daß sie nur mühsam sich auf Krücken fortschleppt. Sie ist von Glauben und Hoffnung belebt, daß, wenn sie den Saum des h. Kleides anrühren dürfte, sie vom drückensten ihrer Leiden, der Lahmheit, geheilt werden würde." Diese Erlaubnis wurde ihr erteilt und am Tage darauf, den 30. August, kam die Gräfin in der Mitte zwischen ihrer Großmutter und einer andern Dame ihres Gefolges auf ihre Krücken gestützt die Marmortreppe hinauf zum h. Rock. Hier angekommen, ließen sich die Großmutter und die andre Dame zum Gebete auf die Knie nieder; die Gräfin Johanna aber blieb aufrecht auf ihre Krücken gestützt stehen und verweilte so einige Augenblicke in heißem Gebete. Auf einmal fühlt sie ihr Bein gelöst, läßt ihre Krücken fallen, sagt den beiden Damen in der freudigen Aufregung, sie könne wieder stehen, läßt sich auf die Knie nieder, und ihr Angesicht mit beiden Händen sich bedeckend brach sie in lautes Weinen vor Freude und Dankbarkeit aus, so daß alle Umstehenden heftig erschüttert wurden und sich der Tränen nicht erwehren konnten. Nachdem sie sich sodann erhoben hatte, ward sie zum h. Rocke geleitet, kniet abermals nieder und berührt dann denselben unter Assistenz des Herrn General-Vikars Müller. Sodann erhebt sie sich nach einigen Minuten des Gebetes, und verläßt nun am Arm ihrer Großmutter, mit beiden Füßen flach auftre-

---

[13] Zur Person Johann Georg Müllers, des späteren Bischofs von Münster, vgl. Eduard Hegel, Müller, Johann Georg, in: Erwin Gatz (Hg.), Die Bischöfe der deutschsprachigen Länder 1785/1803 bis 1845. Ein biographisches Lexikon, Berlin 1983, S. 522–524.

tend, den h. Rock und steigt so, ohne Krücken, welche ein Diener weinend ihr nachtrug, die Marmortreppe hinunter, geht so durch den Dom bis an ihren draußen stehenden Wagen.

Das ist der Vorgang, wie derselbe durch die Aussagen der jungen Gräfin selbst, ihrer Großmutter und der andern Dame und einer Menge Augenzeugen konstatiert ist. Das Ergebnis des Vorganges, ganz kurz und einfach ausgedrückt, war: die Gräfin hatte bei dem h. Rocke ganz plötzlich den Gebrauch ihres kontrakten Beines wieder erhalten, um was sie gebeten hatte, Heilung von ihrer Lahmheit, dem drückensten ihrer Übel. Unbestreitbare Tatsachen waren gewesen, wie daß die Gräfin in dem oben beschriebenen Zustande nach Trier gekommen, ohne möglichen Gebrauch ihres kontrakten Beines, so auch daß sie bei dem h. Rocke plötzlich den Gebrauch dieses Beines erhalten hat. Groß war die Freude über diesen Vorgang bei allen Gläubigen. Aber es gibt Menschen, denen diese Heilung der Gräfin höchst ungelegen kam, Menschen, die, weil sie nicht gern an das Vorhandensein einer für sie unheimlichen Geisterwelt und an das Walten einer höheren Macht denken, auch nicht gern daran glauben wollen, und daher von Wundern nichts hören mögen, und mit einer wahren Scheu vor denselben behaftet sind. Diesen war die Heilung ein Dorn im Auge, um so mehr, je größer die Freude der Gläubigen darüber; und es mußte nun um jeden Preis dagegen angekämpft werden.

...

Haben wir in dem Vorstehenden vorzugsweise die Vielheit der hierher zusammengeströmten Pilger in's Auge gefaßt und bewundert, so dürfen wir die wunderbare Einheit derselben nimmer unbeachtet lassen. Vergleichen wir diese Million Pilger untereinander nach ihren gewöhnlichen Lebensverhältnissen, so finden wir allseitige Verschiedenheiten unter denselben, die sie in besondere Klassen scheiden, auseinandergehende Wege und Tendenzen ihnen vorzeichnen. Wir finden dieselben verschieden nach Berufsgeschäften, die jedem seinen besonderen Wirkungskreis anweisen, finden sie verschieden nach Bidlungsstufen, verschieden in ihren Ansichten über mancherlei Dinge und Angelegenheiten des menschlichen Lebens, verschieden nach Völkern, nach Sprache und Mundarten, nach Glücksgütern, Sitten und Gebräuchen. Alle diese und ähnliche Unterschiede der Menschen in der bürgerlichen Gesellschaft halten und führen dieselben im Leben, Umgang und Beschäftigung auseinander, ja oft feindlich gegeneinander, und lassen dieselben sich nur in sehr geringem Maße miteinander vereinigen durch die Bande der Familienliebe, der Freundschaft, des Zusammenwohnens in einer Gemeinde, des gemeinsamen zeitlichen Interesses einer besondern Klasse von

Menschen oder eines ganzen Volkes. Daher sehen wir denn auch bei den vielfältigen Verschiedenheiten der Menschen in ihren gewöhnlichen Lebensverhältnissen auch nur Einheiten oder Vereinigungen sehr geringen Umfanges unter ihnen zustande kommen, sehen sie höchstens geschart nach Familien, nach Gemeinden, nach Kunst-, Wissenschafts- und Handelsvereinen und Staaten.

Aber es gibt *ein* Band, das alle jene Unterschiede unter den Menschen aufhebt, die durch dieselben gebildeten Scheidungen und Einzelgruppierungen derselben auflöst, und über alle räumlichen Grenzen nach Ländern und Reichen, und alle Sonderungen nach Alter, Stand, Geschlecht, Vermögen, Bildung und Lebensbeschäftigung, ja selbst über die Marken des Todes und der Zeit hinaus die Menschen zu einer großen, wunderbaren *Einheit* vereinigt und zu einem vielgliedrigen mystischen Leibe zusammenfügt. Dieses Band aber ist der katholische Glaube, in der katholischen Kirche; und ein Bild dieser Einheit haben wir geschaut in dem großartigen Feste, welches an unsern Blicken vorübergegangen ist. Alle die Tausende und Tausende von Menschen, die sonst im Leben sich in ihren eigentümlichen Kreisen bewegen, ihre verschiedenen Wege gehen und Tendenzen verfolgen, sie haben sich in Einem geeinigt gefunden miteinander, als Brüder sich geschaut, und dies in ihrem Glauben, in ihrer Treue und Anhänglichkeit gegen die Kirche. Hier bei diesem Feste war nicht der Franzose, nicht der Deutsche, nicht der Belgier, nicht der Schweizer, der Bayer, der Badenser, nein es war hier der Katholik, der in jedem andren Pilger, wessen Landes und Volkes er sein, welche Sprache er sprechen, welchem Stande er angehören mochte, seinen eigenen Glauben, Übereinstimmung in den wichtigsten und heiligsten Angelegenheiten der Menschen und die wohltuendste Harmonie in frommen Gefühlen wiederfand, der sich mit jedem derselben durch ein himmlisches Band in Christo und seiner Kirche vereinigt fühlte. Ja, es war auch nicht der Gelehrte, nicht der Reiche, nicht der Kaufmann, nicht der Künstler, nicht der Ackersmann, der sich hier bei dem Feste eingefunden und in der Eigentümlichkeit seines Standes- oder Berufslebens aufgetreten wäre, nein, es war der fromme Gläubige, der hierher gekommen, es war der treue Sohn der über die ganze Erde, durch alle Stände ausgebreiteten Kirche, der unter der Fahne des Welterlösers gekommen, unter welcher wir alle Brüder und Schwestern sind, Kinder *eines* Vaters, berufen zu demselben Erbteil, wie der heil. Paulus sagt: „Denn ihr alle seid Kinder Gottes durch den Glauben, der in Christo Jesu ist. Denn, ihr alle, die ihr in Christo getauft seid, habet Christum angezogen. Da ist weder Sklave noch Freier, da ist weder Mann noch Weib; denn ihr alle seid eins in Christo Jesu."[14]

Daher haben sich denn auch alle die Fremden, wie fern sie sich sonst der Heimat, der Sprache und ihrer bürgerlichen Stellung nach gestanden, sogleich einander gekannt, einander geliebt, fanden sich einander wie alte Bekannte und tauschten im vertraulichen Verkehre, ohne Rückhalt, ihre Gesinnungen und Gedanken gegeneinander aus. Wo Pilger zusammentrafen, da haben sie sich, gleichviel aus welchem Lande, welcher Provinz und Stadt, sofort als Bekannte betrachtet, als zusammengehörend. Das zeigte sich unter andern in lieblicher Weise, als der Bischof von Amsterdam mit dem Dampfbote von Trier ab gen Koblenz fuhr und viele Pilger, aus verschiedenen Diözesen, Provinzen und Städten, auf demselben sich befanden. Über der Fahrt war gemeinschaftlich gebetet, gesungen worden; und als das Schiff bei Koblenz anlandete, senkten die Pilger alle, so als sei jener aller Bischof, sich auf die Knie und empfingen zum Abschiede von ihm und zum Schlusse ihrer Pilgerfahrt den bischöflichen Segen.

Diese so ungewöhnliche, ihrer Wurzel nach einer überirdischen Welt entsprungene, so großartige als liebliche Erscheinung mußte auf alle denkenden Menschen, auf jedes fühlende Herz einen ergreifenden Eindruck machen, und hat selbst Männer, welche anfangs nicht ohne mißtrauisches Vorurteil diese religiöse Bewegung ins Auge gefaßt hatten, von der Reinheit und Echtheit ihrer Quelle und ihrer Triebfeder überzeugt. Der *Independant*, ein ministerielles Blatt in Frankreich, spricht sich über diese religiöse Manifestation, „in welcher Frankreich und Deutschland sich einander begegnet" in folgender Weise aus: „Seit dem Augenblicke der Ausstellung des heil. Rockes in der Kathedrale zu Trier haben wir schweigend die Bewegung eines Teiles des katholischen Europas beobachtet. Die Begeisterung, von welcher die ersten Nachrichten darüber erfüllt waren, hat uns nicht überzeugt; denn der Aberglaube und die Leichtgläubigkeit haben auch ihre Begeisterung, und es ist diese wohl zu unterscheiden von jener, welche die Religion und der Glaube einflößen. Nunmehr aber ist kein Zweifel mehr statthaft: diese Millionen (!) von Christen, welche zu der altehrwürdigen Metropole von Trier zusammenströmen, sind von dem reinsten Glauben beseelt; diesen Eindruck machen auf Menschen, die gewohnt sind nur handgreiflicher Gewißheit ihre Zustimmung zu geben, diese zahlreichen Prozessionen, in welchen alle Klassen der bürgerlichen Gesellschaft untereinander vermischt einhergehen, wo der Gelehrte ne-

---

[14] Gal. 3, 26–29. Von Marx im Text angegeben.

ben dem Landmanne wandelt, die Professoren gelehrter Universitäten Danklieder singen im Chore mit den Handwerkern. Ganze Städte, geführt von ihren städtischen Behörden, begeben sich in Prozession nach Trier in wunderbarer Ordnung, und in dem Augenblicke, wo sie die Schwelle des heiligen Schiffes betreten, stimmen die männlichen und harmonischen Stimmen der Pilger die ernsten Gesänge an, welche Frömmigkeit der Religion geweiht hat, und die in Deutschland ein eigentümliches Gepräge tiefernster Majestät tragen."

Eine solche erhabene Einheit und Vereinigung von Menschen aus verschiedenen Völkern, so verschiedener intellektueller Bildung, aus jedem Alter, Stande und Geschlechte ist nur in dem Glauben der katholischen Kirche möglich; in diesem Glauben, der in den verschiedensten Zonen und bei allen Völkern der Erde derselbe ist, der für alle seine Lehren, Satzungen und Übungen von dem Gelehrten und dem Ungelehrten, dem Adligen und dem Bürgerlichen, dem Reichen und dem Armen dieselbe demütige Anerkennung, denselben Gehorsam und dieselbe eifrige Pflichttreue fordert, und dafür auch allen ohne Unterschied seine segenreichen, sittlich veredelnden Gaben spendet. Ja, solcher wunderbaren Einheit erfreut sich allein jener Glaube, der in seiner ganzen Wesenheit den Deutungen menschlicher Willkür gänzlich entrückt ist, der sich nicht modeln läßt nach den Einfällen der wechselnden Tagesweisheit und des Zeitgeistes, nicht zurichten nach den Wünschen und Sonderinteressen eines Standes oder einer Klasse der bürgerlichen Gesellschaft, der sich nicht in die Dienstbarkeit einer Nation, eines Staates herabziehen läßt, sondern unabänderlich und unantastbar jeder irdischen Macht, wie der Herr, der ihn gegeben und der Himmel, aus dem er gekommen, seine Natur bewahrt, mit sanfter Macht beherrschend alle, die bis zur Beseligung ihm ihre Herzen öffnen, ohne sich selber beherrschen, und bindend alle zu einem neuen Reiche, ohne sich selber binden zu lassen. In dieser Einheit war unser Fest ein Bild der katholischen Kirche, die so in gleichem Glauben, in gleicher Eintracht und Gottesverehrung vereinigt gesehen haben. Einheit des Glaubens ist ein Erfordernis der Göttlichkeit desselben, ist ein Merkmal seiner Wahrheit. Dies Merkmal trug der Glaube, welcher unser Fest hervorgebracht und so glänzend gemacht hat, an seiner Stirne. Aber er trug auch das Merkmal der Heiligkeit in sich, die Liebe nämlich, ohne welche der Glaube tot ist. Alle Pilger auf dem Feste waren ihres Glaubens froh, waren oft begeistert in Glaubensfreudigkeit; und doch, wer hat je Liebloses gegen Andersgläubige bei ihnen gesehen oder gehört, wer von verletzenden Angriffen auf den Glauben und den Kultus anderer Konfessionen in den Predigten dieses Festes vernommen? Nicht die Spur davon ist irgend hervorgetreten. Das ist die Natur der Wahrheit und des rechten Besitzes, daß die, auf deren Seite sie sind, sich freuen können, ohne andre zu betrüben und zu beeinträchtigen, daß sie ihr Eigentum mit Liebe umfassen und aufrecht erhalten können, ohne andre in ihren Rechten zu kränken, und, im Kampfe für die Sache, gegen die Personen sich wenden zu müssen. Das ist das traurige Erbteil derjenigen, welche sich auf die Verneinung gesetzt haben, und, in allem unter sich selber uneinig, nur in dem einen zusammentreffen, was nicht aus Gott, sondern aus dem Widersacher, dem Verneiner von Anbeginn her abstammt.

4. Joseph v. Görres
Die Wallfahrt nach Trier

Auszug (S. 148–153) aus dem Buch von Joseph v. Görres, Die Wallfahrt nach Trier, Regensburg 1845 (Verlag von G. Joseph Manz), 268 S. (Datiert „München, den 25. Jänner 1845"). Görres (1776–1848) verfaßte die Schrift in seiner Zeit als Professor der Allgemeinen und der Literaturgeschichte an der Universität München.
Vgl. zur Wallfahrtsschrift von Görres: Wolfgang Frühwald, die Wallfahrt nach Trier. Zur historischen Einordnung einer Streitschrift von Joseph Görres, in: Georg Droege u. a. (Hg.), Verführung zur Geschichte. Festschrift zum 500. Jahrestag einer Universität in Trier, Trier 1973, S. 366–386.

So ist denn endlich ein Menschenalter später die Zeit der fünften Epiphanie, die wir gesehen, herangekommen, und den vier großen historischen Bildern, die an unsern Augen vorübergegangen, hat ein fünftes sich beigesellt. Alte Straßen und Wege bedecken sich mit Feierzügen; die Fahnen wehen, es ist, als sei das Jubelfest des Jahrhunderts herangekommen. Der Morgen einer großen Fronleichnamsfeier ist über Wald und Auen aufgegangen; die Scharen der Völker drängen sich heran; Masse auf Masse eilt demselben Ziele zu, um in einem kurzen Augenblicke langer Mühsal Lohn zu suchen. An die Massen haben daher diesmal die Symbole ihr prophetisch Wort gerichtet; denn mehr als je zuvor wird die Entscheidung der Zukunft bei den Massen sein; in ihrer Mitte wird der Würfel über die Schicksale dieser Zukunft geworfen werden, und zwischen dem trennenden, lösenden und heilenden Messer der Zwietracht oder der unzertrennlich gewirkten, wohl in sich geschlossenen Einheit, wird die Wahl ihnen anheimgestellt sein. Inhaltreiche Schicksalsworte haben ihnen diesen Sinn gedeutet; wie sie aber im einzelnen sich gefügt, wird erst in der Folgezeit sich offenbaren. Denn noch steht diese Zeit erst in der Geburt, ihre Geschichten, noch nicht abgelaufen und im Keime mit Dunkel umhüllt, wehren jedem Blicke, in die Geheimnisse ihrer Werkstätte einzudringen. Aus den Geschichten, die früher gefolgt, aber haben wir die Worte der Prophetien gelesen, die ihnen vorangegangen; es will sich aber nicht geziemen, ehe die Vorsehung ihre Ratschlüsse in den ehernen Tafeln der Geschichte aufgeschrieben, sie mit anmaßender Hellseherei in ihren Gedanken lesen zu wollen. Werden den Massen am Scheideweg die Erfahrungen der Vergangenheit verloren sein, oder werden sie und ihre Führer durch das, was die Väter erlebt, sich warnen lassen? Sind die Berichte, die ergangen, wie ein Naturmeteor an den Bergen vorübergezogen, wirkungslos, oder sind sie ein Schaugepränge gewesen, das die Nachkommenden mit geistlosem Auge anstarren, ohne ihm Anwendung und Einfluß auf das eigene Benehmen zu gestatten? Die ganze Tatsache, rein erhoben, zeigt sich als ein großes, denkwürdiges, folgenreiches Ereignis, unvermutet, wie eine Himmelserscheinung in die Zeit eingetreten; die einen haben sie mit Jubel begrüßt, die andern sind erschrocken vor ihr zurückgefahren, und haben ihr sogleich ihre gewöhnlichen Mittel und Listen des Krieges entgegengewendet, aber die Erscheinung ist über ihren Häuptern, von ihnen unerreicht, dahingegangen in ihrer Bahn, und zuletzt wieder in Ruhe dahingekehrt, von wo sie ihren Ausgang genommen. Während sie daher schweigend und nachdenklich dagestanden, und bei sich überlegt: ob es ein Traum sei, was hier an ihnen vorüberziehe, ob böse Geister sie geäfft und täuschende Phantome in der Luftspiegelung ihnen vorgegaukelt oder ob wirkliche Menschen mit Fleisch und Blut in solchen Massen, allen Gesetzen vielfach bewährter Mechanik entgegen, durch so schwache, unbedeutende Kräfte sich bewegen lassen, haben die rheinischen Völker nicht bloß die Gottesfahrt vollzogen, sondern der Sache zum Segen und sich zum Heile ganz untadelhaft sie zum Ende geführt, und also, so viel an ihnen gewesen, die große providentielle Fügung mit erfüllen helfen. Sieht man auf den Ablauf, den diese große Bewegung eingehalten, wie von allen möglicherweise drohenden Gefahren keine eingetroffen, wie keine Spur ansteckender Krankheit, die bei so großen Zusammenläufen allerdings nicht unwahrscheinlich gewesen, und zu anderer Zeit wohl auch eingetreten, sich gezeigt, wie auch von allem Unglück, daß die Überfüllung der Dampfschiffe und der Landwagen ganz nahelegte, keines eingetreten: dann muß man urteilen, daß der, dem diese Huldigung eines ganzen Volkes gegolten, mit Wohlgefallen darauf abgesehen, und indem er die physischen Übel von ihm abgewendet, seinem sittlichen Verhalten sogleich seinen Lohn zugeteilt. Sieht man dann ferner auf die Weise, wie das zuströmende Volk im ganzen Zuge sich gehalten, wie die Einheit im Symbole in seiner Eintracht, in seinem brüderlichen Zusammenhalten sich gespiegelt, wie alle diese Wanderscharen nur wie ein Mann gewesen, der hingegangen, und ruhig und gesammelt hingekniet und den Tribut seiner Verehrung in besonnener Andacht hingebracht: dann kann man das Walten unsichtbarer Mächte auch darin nicht verkennen. Sie haben sich an den Webstuhl hingesetzt, und haben das Gewand im Volke weiter fortgewoben. Der Faden der Eintracht und die Liebe ist von einem zum andern emsig hingefahren und hat sie alle in eine Webe geknüpft; und das Gewand hat sich nun über das ganze Gebiet des Niederrheines rechts und links ausgebreitet, und hält alle katholischen Bewohner in einem lebendigen Band umfangen und geschlossen. Alles, was früher in mannigfaltigen Richtungen die Zeit bewegt, alle die kleineren Gegensätze, die als örtliche Übel durch Deutschland verbreitet gewesen, sie haben sich jetzt in den einen großen allumfassenden religiösen Gegensatz gesammelt, und in den edelsten Lebensteilen soll der Streit um Tod und Leben jetzt ausgestritten werden. Die rheinischen Völker haben die Einheit und die an sie geknüpften konservativen Kräfte für sich genommen, und sie haben den hellsten Teil gewählt. Als der Bischof die weiße Fahne mit dem roten Kreuze am hohen Dome aufgezogen, da hat er, ein unbewußtes Werkzeug höherer Macht, diesen konservativen Strebungen in der Zeit ihre Mitte, ihr Zeichen und ihr Banner gegeben. Um dasselbe her weben sich zuerst die Eingesessenen des Rheingebietes in jene untrennliche Webe zusammen; und fort und fort wird Aufzug und Einschlag sich kreuzen, und das Weberschiff hin und herüberfahren, und die, welche gleicher Gesinnung sind, in wie sonst verschiedenen Kreisen sie sich finden mögen, nach den Gesetzen lebendiger Wahlverwandschaft, einweben in die schützende, bergende Gewandung. Diese konservativen Richtungen, die sind, wie weltbekannt, zur Zeit die schwächeren, aber sie sind in der Zunahme und im Wachstum fort und fort begriffen, sie erstarken von einer Tagnacht zur andern in stets steigender Energie, und sie vertrauen auf die erhaltende Macht dessen, der in aller Geschichte waltet, und in ihr den großen Riß von Anbeginn zu heilen unternommen. Die rheinischen Völker sollen nun immerfort der Mission gedenken, die ihnen geworden ist, indem diese Macht ihr Banner in ihrer Mitte ausgestellt. Sie müssen dabei sich immerfort vor Augen halten, daß ihr Ruf vor der Hand nicht lautet auf alt oder neu, oder auch schlechtweg katholisch oder protestantisch, sondern Konservation oder Destruktion, Brauch oder Mißbrauch, Rat oder Meinrat, Wahrheit oder Lüge, Leben oder Tod, Gott oder Teufel. Wer von allem Volke dem einen oder dem andern dient, der halte sich zu seinesgleichen; die Zwieschlächtigen werden ferner nicht mehr geduldet. Darum mögen diese Völker mit Fleiß die gewonnene Einheit hüten und alles von sich fernen, was ihr Eintrag tut. Mögen sie alle innere, vom Wesentlichen absehende Parteiung meiden; das sind nur Mottenlöcher im Gewande. Die zerreißenden, zerfetzenden, explodierenden Kräfte der Zeit, sie haben vielerlei Böses auch unter ihnen ausgesät; der Radikalismus in allen Formen und Gestalten hat auch bei ihnen Missionen sich gegründet, die das Gift, das von der Verwesung ausgegangen, überall gelegt; ihre Wässer sind damit getränkt, der Spiegel der Seen ist davon blau angelaufen. Es hängt von ihnen ab, diese Vergiftung von sich abzuwenden; die Tollkirsche wird von selber welken, entziehen sie ihr die

Nahrung, in der sie grünt. Nicht Zensur, nicht Preßfreiheit kann sie sichern; üben sie aber selber die Zensur, dann wird der Naturinstinkt sie schon an dem Verderblichen vorüberführen, und alle Ränke und Schlauheiten der Pifferari werden verloren sein.[15] Haben sie diese Krankheitsmaterien erst ausgeworfen, dann mögen sie darangehen, ihr inneres Kirchliches vollends zu ordnen und einzurichten. Niemand wird ihnen darin einen Einspruch zu tun vermögen, wenn sie selber nicht das Werk in seinem Fortgang irren. Dem Worte der Wahrheit sollen sie mit aller Kraft ungehemmte Freiheit sichern, mögen sie daneben die andern in ihrem Kreise gewähren lassen, selbst wenn sie dort in Schmähungen sich vergessen, was schadets ihnen, wenn diese Unvernunft nur in ihrer Mitte keine Stätte findet. Wie die Väter die Quadern ihrer Kirchenmauern also zu fügen verstanden, daß keine sprengende Gewalt und kein Keil von außen einzudringen vermag, ja daß der Blitz aus den Wolken an dem festen Gefüge abgleiten muß, so eng sollen sie immerwährend zueinander stehen, und alle Wetter werden mit Respekt an ihnen vorüberziehen. Droht eine Gefahr von außen herein, dann versteht es sich von selber, daß sie aller Zwietracht vergessend, sich erinnern, daß sie mit denen, die ihnen gegenüber stehen, einem Volke angehören und so gemeinsam dem gemeinsamen Angriffe begegnen. Sie haben das schon einmal getan, die bloße Weltklugheit hat ihnen dies damals aufgelegt; in jeden Spalt dringt der Feind auf der Stelle ein, der Widerstand ist gebrochen, und links und rechts mäht nun das Schwert. Unsere Vorfahren, kräftiger als wir, haben im Mittelalter die alte germanische Heimat im Osten den slawischen Eindringlingen wieder abgenommen und dort eine deutsche Mark gegründet. Jetzt haben die Slawen wieder sich zusammengefunden und reklamieren die Mark als das ihnen gehörige Eigentum. Wer wird den protestantischen Völkern dort in ihrem unabwendlichen Angriff den Rücken decken, als die katholischen Völker im Westen? Diesen gegenüber stehen die französischen Stämme, zitternd vor Begier, über die sichere Beute herzufallen; die Rheinprovinzen sind kaum aus ihren Charten ausgestrichen,[16] und die belgischen Festungen betrachten sie schon als längst als ihnen aufgebaut. Wer wird den katholischen Völkern an dieser Mark den Rücken nordwärts decken, als die protestantischen Stämme, die dort hausen? Also bedarf einer des anderen, drängt solche Gefahr heran, sie dürfen nicht

---

[15] Mit „Pifferari" sind Hirten in Italien gemeint, die ein sackpfeifenartiges Musikinstrument (den piffero) spielten.

[16] Gemeint sind die französischen Verfassungen vom 4. 6. 1814 („Charte Constitutionelle") und 3. 8. 1830 (revidierte „Charte Constitutionelle").

brechen miteinander; ist sie vorüber, dann mag jeder seine Wege gehen, ein aufmerksamer Hüter seiner Rechte, aber auch der Erfüllung der damit verbundenen Pflichten immer eingedenk.

5. Rudolf Löwenstein
Freifrau von Droste-Vischering

Das Spottlied wurde nach dem Zeugnis Theodor Fontanes (Von Zwanzig bis Dreißig, in: ders., Sämtliche Werke, Bd. 4, Darmstadt 1973, S. 326) von dem Schriftsteller und späteren Mitbegründer der Berliner satirischen Zeitschrift „Kladderadatsch", Rudolf Löwenstein (1819–1891), verfaßt und erstmals 1845 als Manuskript veröffentlicht, in: Neue Arien, gedruckt in diesem Jahre, welches nach Erschaffung der Welt das XVIII. des Tunnels. Weiterverbreitet wurde es durch das Liederbuch Musenklänge aus Deutschlands Leierkasten. Mit feinen Holzschnitten, Leipzig (1849), S. 86–88. Das Lied wird im folgenden nach dieser Fassung veröffentlicht. Vgl. dazu und zu weiteren Fassungen im Kommersliederbüchern des 19. Jahrhunderts: W(olfgang) Steinitz, Deutsche Volkslieder demokratischen Charakters aus sechs Jahrhunderten, Bd. 2, Berlin 1962, S. 146–152.

Vgl. zu Löwenstein: Kurt Franz, Rudolf Löwenstein, in: Neue Deutsche Biographie 15, Berlin 1987, S. 107 f.

1. Freifrau von Droste-Vischering, vi va Vischering,
Zum heilgen Rock nach Trier ging, tri tra Trier ging
Sie kroch auf allen Vieren,
Sie tat sich sehr genieren
Sie wollt' gern ohne Krücken
Durch dieses Leben rücken

2. Sie schrie, als sie zum Rocke kam, ri ra Rocke kam,[17]
Ich bin an Händ' und Füßen lahm, fi fa Füßen lahm,[18]
Du Rock bist ganz unnätig,
Drum bist du auch so gnädig;
Hilf mir mit deinem Lichte,
Ich bin des Bischofs Nichte.

---

[17] Im Original: „Vi Va".

[18] Im Original: „Vi Va".

3. Drauf gab der Rock in seinem Schrein, si sa seinem Schrein,
Auf einmal einen hellen Schein, hi ha hellen Schein,
Gleich fährt's ihr in die Glieder,
Sie kriegt das Laufen wieder;
Getrost zog sie von hinnen,
Die Krücken ließ sie drinnen.

4. Freifrau von Droste-Vischering, vi va Vischering,
Noch selb'gen Tags zu Tanze ging, ti ta Tanze ging.
Dies Wunder göttlich grausend,
Geschah im Jahre Tausend
Achthundertvierundvierzig,
Und wer's nicht glaubt, der irrt sich.

6. Johann Wilhelm Schreiber
Gesang vom heiligen Rock bei der Prozession vom Jahre 1810

Der Wallfahrtsgesang des katholischen Pfarrers an St. Gangolf in Trier, Johann Wilhelm Schreiber (1756–1818), wurde ursprünglich für die Trierer Rockwallfahrt von 1810 verfaßt. Er erschien zuerst anonym, in: Andachtsübungen bey der feyerlichen Aussetzung des heiligen Rocks unseres Herrn und Heilands Jesu Christi in der Domkirche zu Trier vom 9ten bis den 27ten September 1810. Sammt einer Beschreybung der Feyerlichkeiten, womit derselbe am vorhergehenden 9ten Julius von Augsburg nach Trier in die Domkirche eingebracht wurde. Verfasset von einem Pfarrer der Stadt Trier, Trier 1810 (J. A. Schröll), S. 12–15. 1844 wurde das Lied zunächst neuerdings anonym veröffentlicht, in: Andachtsübungen bei der feierlichen Aussetzung des heiligen Rockes unseres Herrn und Heilandes Jesu Christi in der Domkirche zu Trier im Herbste des Jahres 1844 von einem Pfarrer der Stadt Trier, Trier 1844 (Lintz'sche Buchhandlung), S. 4 f. Erst in der folgenden Neuauflage dieser Broschüre wurde der Name Schreibers genannt: Andachtsübungen bei der feierlichen Aussetzung des heiligen Rockes unseres Herrn und Heilandes Jesu Christi, in der Domkirche zu Trier, vom 18. August bis Ende September 1844. Eine neue verbesserte und vermehrte Auflage der im Jahre 1810 von den hochwürdigsten Pastor Schreiber zu St. Gangolf zu Trier, seligen Andenkens, verfaßten Andachtsübungen (Trier) 1844, S. 11–13. Das Lied wird in dieser Fassung wiedergegeben. Die erste Strophe besteht aus den ersten vier Zeilen der ersten und den letzten vier Zeilen der zweiten Strophe der ursprünglichen Fassung von 1810. Diese Kürzung wurde offensichtlich deshalb vorgenommen, weil die Verse in der ersten Strophe „Den die Hand der Vorsicht wieder/unsrer Stadt zurückgestellt,/Den der wahre Christ noch immer/Heilig und höchst schätzbar hält" 1844 nicht mehr aktuell waren. Weggelassen wurde 1844 auch die 10. Strophe der ursprünglichen Fassung, in der sich ebenfalls ein Hinweis auf die 1810 erfolgte Rückführung des Heiligen Rockes nach Trier findet („Christen! Trierer! macht mich würdig,/Dieser hohen Vorzugs Gnad,/Jesus Rock hier zu besitzen!").

Vgl. zu Schreiber: Der Weltklerus der Diözese Trier seit 1800, hg. vom Diözesanarchiv, Trier 1941, S. 315.

1. Eilt beflügelt, fromme Christen!
Eilt begeistert hoch erfreut,
Voll vom wärmsten Dankgefühle,
Zu dem Schatz der Heiligkeit.
Laßt uns dieses Heiligtum achten,
Würdig, wie es sich gebührt;
Es im Geist der Buß' betrachten,
Tief von Gottes Huld gerührt.

2. Würdigstes der Altertümer!
Das uns je die Welt gezeugt,
Dir sei nach dem Allerhöchsten
Unser Knie zuerst gebeugt.
Denn Du bist das heil'ge Kleinod,
Welches Jesus lange Zeit,
Als ein Kind am Leib getragen
Hier in seiner Sterblichkeit.

3. Wer kann all' die Wunder zählen,
Die in diesem heil'gen Kleid,
Der Erlöser hat gewirket
So viel Tausenden zur Freud'!
Nur den Saum von diesem Kleide,
Hat ein krankes Weib berührt;
Gleich gesund an Leib und Seele
Ward sie Jesu vorgeführt.

4. Dieses Kleid auf Tabor glänzte,
Wie der Schnee beim Sonnenschein,
Nahm die Herzen der Apostel
Jesus mit Verwunderung ein.
Da war es ein kleines Vorbild
Jener hohen Reinigkeit,
Die die Himmelsbürger kleidet
In dem Reich der Herrlichkeit!

5. Dieses Kleid trug Er am Ölberg,
Wo Er Blut, wie Schweiß vergoß,

Als er ging zur Schädelstätte,
Wo sein letzter Tropfen floß.
Da ward es die Beut' der Kriegsknecht',
Die mit wilder Grausamkeit,
An das Kreuz genagelt haben,
Ihn den Herrn der Ewigkeit.

6. Heilges Kleid! Du warest Zeuge
Da, wo Jesus stark und matt,
Stark durch Taten, matt durch Leiden,
Uns zum Heil gewirket hat.
Werd' auch Zeuge unsres Dankes,
Unsrer Ehrfurcht, unsrer Lieb',
Die wir Dir dahier geloben,
Stärk' in uns den heilgen Trieb.

7. Du, der du dies Kleid anschauest,
Sei auch wohl auf das bedacht,
Was ein Gottmensch dir zum Nutzen
Zur Erlösung hat vollbracht.
Weinen sollen aller Augen
Jeder, der den Heiland kennt
Und vertraun auf seine Güte,
Weil Er ist, was Er sich nennt.

8. Heiland! Du hast hier auf Erden
Blinde, Lahme oft geheilt,
Und den Toten und den Sündern
Neues Leben mitgeteilt.
Mach' auch jetzt, wir bitten flehend,
Durch der Liebe Wunderkraft,
Die in diesem Kleid gewirket,
Uns gerecht und tugendhaft.

II. Tabellen

Die Zahlenangaben in den folgenden Tabellen wurden aufgrund zeitgenössischer Quellen ermittelt.

Dekanatseinteilung des Bistums Trier nach: Johann Jacob Blattau, Statuta synodalia ordinationes et mandata diocesis trevirensis (1842–1855), Bd. 8, Trier 1859, S. 109.

Pilgerzahlen: 1. *Bechtold*. Der Pfarrer Michael Bechtold war während der Trierer Wallfahrt in der Domprobstei für die Anmeldung der Prozessionen zuständig. Eine handschriftliche Liste mit täglichen Eintragungen der Pilgerzahlen vom 20. August bis 14. September ist im Bistumsarchiv Trier, Abt. 91, Nr. 212 erhalten. Sie enthält für die Pilger aus auswärtigen Bistümern leider nur fragmentarische Angaben. Zahlen für die Zeit vom 15. September bis 6. Oktober fehlen ganz. 2. *Marx*. Jakob Marx hat die Aufzeichnungen Bechtolds für seine Statistik benutzt, seine Zahlen stimmen jedoch nur annäherungsweise mit denen von Bechtold überein. Im Unterschied zu Bechtold gibt Marx auch Zahlen für die Pilger aus anderen Diözesen an. Nicht berücksichtigt wurden darüber hinausgehende Schätzungen von Marx. Vgl. J(akob) Marx, Die Ausstellung des h. Rockes in der Domkirche zu Trier im Herbste des Jahres 1844, Trier 1845, S. 102–103. 3. *Delahaye*. Die anonym erschienene, aber nach Ausweis eines handschriftlichen Eintrags in dem Exemplar der Bibliothek des Priesterseminars in Trier von dem Sprachlehrer Anton Delahaye stammende Schrift Statistische Uebersicht der während der Ausstellung des heil. Rockes im Herbste 1844 zu Trier gewesenen Fremden und Beschreibung der Feierlichkeiten, welche dabei stattgehabt, Trier 1844, gibt S. 30–50 die Pilgerzahlen für die einzelnen Tage mit ihrer jeweiligen Herkunft an. Aus diesen Tagesangaben lassen sich die Gesamtzahlen für die einzelnen Dekanate des Bistums Trier sowie die übrigen Bistümer errechnen. Nicht berücksichtigt wurden die Angaben Delahayes für die in Trierer Hotels während der Wallfahrtszeit täglich gemeldeten 5400 Einzelreisenden („Gewöhnliche Fremde"), da diese, wenn es sich um Pilger handelte, schon bei den Prozessionen mitgerechnet wurden. Delahaye lagen bei seinen Berechnungen nach eigener Angabe (S. 30) „polizeiliche Listen" und „amtliche Quellen" vor. Diese sind nicht erhalten.

Einwohnerzahlen: Für die Kreise des Regierungsbezirks Trier entnommen aus: Uebersicht der Volkszahl des Regierungs-Bezirks Trier, exclusive des activen Militairs am Schlusse des Jahre 1843, Trier, den 27. März 1844, in: Amstblatt der Königl. Preuß. Regierung zu Trier, Nr. 15, 11. April 1844, S. 116–120 (Dekanate Ehrang und Hermeskeil = Kreis Trier-Land). Die Einwohnerzahlen für die Kreise des Reg. Bez. Koblenz nach: Anzahl der Einwohner am Schlusse des Jahres 1840, in: Topographisch-statistische Übersicht des Regierungs-Bezirks Coblenz, von der Königl. Regierung zu Coblenz, Koblenz 1843, S. XIII (Dekanat Engers = Kreis Neuwied). Für das Oldenburgische Fürstentum Birkenfeld und das hessen-homburgische Amt Meisenheim gibt es keine genaue zeitgenössische Statistik. Nach Otto Beck, Beschreibung des Regierungsbezirks Trier, Trier 1868, S. 69, hatte Birkenfeld 1815 20 000, Meisenheim 10 000 Einwohner. Da es in Birkenfeld nur sieben und in Meisenheim nur vier katholische Pfarreien gab (vgl. *Blattau*, Statuta, 8, S. 109), kann der katholische Bevölkerungsanteil nicht hoch gewesen sein. 1867 hatte das nunmehr preußische Oberamt Meisenheim 13 586 Einwohner, von denen nur 1 871 katholisch waren. Vgl. Amtsblatt der Königl. Regierung zu Coblenz, Nr. 29, 16. Juli 1868, S. 202.

Tabelle 1: Pilgerzahlen bei der Trierer Wallfahrt von 1844
Bistum Trier

Herkunfts-bereiche	Pilgerzahlen			Einwohner-zahlen	
	nach Dekanaten 20. 8.–14. 9.			nach Kreisen	
	1.Bechtold	2.Marx	3.Delahaye	Gesamt	Katholiken
Bernkastel	16 776	17 776	18 231	44 116	29 699
Bitburg	24 144	27 344	29 244	40 914	40 810
Daun	10 400	11 000	10 300	23 912	23 857
Ehrang	26 739	29 239	24 539	57 169	55 550
Hermeskeil	28 500	19 700	31 500	?	?
Merzig	22 286	22 286	22 286	31 709	31 279
Ottweiler	11 000	11 000	11 000	28 693	19 215
Prüm	9 485	11 265	8 380	30 226	30 147
Saarbrücken	3 500	3 500	4 000	38 779	19 143
Saarburg	26 164	26 825	28 624	29 961	29 679
Saarlouis	19 385	18 670	13 610	45 648	44 190
St. Wendel	5 600	6 800	6 800	37 449	19 524
Wittlich	26 455	27 005	26 455	34 816	34 301
Adenau	7100	7 100	6650	22 995	22 945
Ahrweiler	4 700	5 500	6 260	31 687	30 421
Cochem	14 558	15 821	15 950	32 434	31 975
Engers	5 250	6 200	6 690	57 015	20 526
Koblenz	3540	6920	4800	51 855	49 950
Kreuznach	2 317	1 810	7 000	52 508	29 377
Mayen	11 250	13 400	11 250	44 464	43 372
St. Goar	4 348	5 408	5 478	34 283	27 926
Simmern	3 100	4 300	3 400	36 759	14 668
Zell	9 230	9 230	9 230	28 158	18 628
Birkenfeld	1 620	2 020	1 720	(20 000)	?
Meisenheim	–	110	80	(10 000)	?
20. 8.–14. 9.	297 447	310 229	313 477		
15. 9.–6. 10.	?	42 000	37 480		
Gesamt	(297 447)	352 229	350 957	(865 500)	(663 182)

Tabelle 2: Pilgerzahlen bei der Trierer Wallfahrt von 1844
Sämtliche Bistümer

	1. Bechtold	2. Marx	3. Delahaye
Bistum Trier	(297 447)	352 229	350 957
Bistum Köln	(960)	22 000	27 700
Bistum Limburg	(2 000)	14 000	15 300
Bistum Luxemburg	(6 040)	24 000	33 050
Bistum Mainz	–	4 000	2 450
Bistum Metz	–	18 000	11 910
Bistum Münster	–	150	–
Bistum Nancy	–	3 000	900
Bistum Speyer	(2 650)	8 000	7 480
Bistum Verdun	–	–	200
Elsaß und Belgien	–	–	200
Gesamt	?	453 459	449 847

III. Literaturverzeichnis

1. Bibliographische Hilfsmittel

Beissel, Stephan: Geschichte der Trierer Kirche, ihrer Reliquien und Kunstschätze, II. Theil: Geschichte des hl. Rockes, 2. Aufl. Trier 1889, S. 295, 302, 311, 313–316.

Deutsch-katholische Literatur, in: Neue Jenaische Allgemeine Literaturzeitung V, Nr. 131 (2. 6. 1846), Nr. 132 (3. 6. 1846), Nr. 133 (4. 6. 1846), Nr. 134 (5. 6. 1846), Nr. 136 (7. 6. 1846).

Embach, Michael (Hg.): Tunica Domini. Eine Literaturdokumentation zur Geschichte der Trierer Heilig-Rock-Verehrung, bearb. von Helmut Krämer, Trier 1991.

Glossy, Karl: Literarische Geheimberichte aus dem Vormärz, Wien 1912, S. 124–126 („Frankfurt, 18. April 1845").

Graf, Friedrich Wilhelm: Die Politisierung des religiösen Bewußtseins. Die bürgerlichen Religionsparteien im deutschen Vormärz: Das Beispiel des Deutschkatholizismus, Stuttgart 1978, S. 367–441 („Bibliographie").

Die Literatur in Bezug auf die Rockfahrt, Ronge und Schneidemühl. Erste und zweite Lieferung (ausgegeben im Mai), Jena 1845.

Marx, Jakob: Notizen über die Feierlichkeit der Ausstellung des h. Rockes im Herbste 1844, I. Heft (hss. im Bistumsarchiv Trier, Abt. 91, Nr. 230).

Schieder, Wolfgang: Der Trierer Wallfahrtsstreit von 1844. Eine Bibliographie, in: Kurtrierisches Jahrbuch 14 (1974), S. 141–170.

2. Wissenschaftliche Literatur

Blackbourn, David: Marpingen. Apparations of the Virgin Mary in Nineteenth Century Germany, New York 1994.

Bohr, Konrad: Kirchenpolitische Aspekte der Heilig-Rock-Wallfahrt von 1933, in: Kurtrierisches Jahrbuch 23 (1983), S. 105–126.

Frühwald, Wolfgang: Die Wallfahrt nach Trier. Zur historischen Einordnung einer Streitschrift von Joseph Görres, in: Verführung zur Geschichte. Festschrift zum 500. Jahrestag der Eröffnung einer Universität in Trier 1473–1973. Trier 1973, S. 366–382.

Groß, Guido: Trier als Pilgerziel in der 2. Hälfte des 18. Jahrhunderts. Ein-Beitrag zur Wallfahrtsgeschichte des Trierer Raumes, in: Corona amicorum. Alois Thomas zur Vollendung des 90. Lebensjahres von Kollegen, Freunden und Schülern dargeboten. Trier 1986, S. 112–123.

Große, Wilhelm: Adolf Glaßbrenner „Herrn Buffey's Wallfahrt nach dem heiligen Rocke". Ein politisches Genrebild des deutschen Vormärz, in: Zeitschrift für Germanistik 2 (1981), S. 48–68.

Holzem, Andreas: Kirchenreform und Sektenstiftung. Deutsch-Katholiken, Reformkatholiken und Ultramontane am Oberrhein (1844–1866), Paderborn u.a. 1994.

Iserloh, Erwin: Der Heilige Rock und die Wallfahrt nach Trier, Trier 1959.

Keinemann, Friedrich: Die Trierer Bischofwahl (1836–1842). Vorgänge und Problematik, in: Kurtrierisches Jahrbuch 12 (1972), S. 103–117.

Korff, Gottfried: Heiligenverehrung und soziale Frage. Zur Ideologisierung der populären Frömmigkeit im späten 19. Jahrhundert, in: Günther Wiegelmann (Hg.), Kultureller Wandel im 19. Jahrhundert. Verhandlungen des 18. Deutschen Volkskunde-Kongresses in Trier vom 13.–18. September 1971, Göttingen 1973, S. 102–111.

Laufner, Richard: Die Hl.-Rock-Ausstellung im Jahre 1655, in: Trierisches Jahrbuch 1959, S. 56–67.

Lichter, Eduard: Die Rückkehr des Hl. Rockes aus Augsburg im Jahre 1810. 2 Teile, in: Kurtrierisches Jahrbuch 8 (1968), S. 241–255, 9 (1969), S. 160–176.

Lichter, Eduard: Die Wallfahrt der Maria Fröhlich aus Neuwied zum hl. Rock in Trier im Jahre 1844, in: Kurtrierisches Jahrbuch 18 (1978), S. 86–104.

Lill, Rudolf: Kirche und Revolution. Zu den Anfängen der katholischen Bewegung im Jahrzehnt vor 1848, in: Archiv für Sozialgeschichte 18 (1978), S. 565–575.

Mergel, Thomas: Zwischen Klasse und Konfession. Katholisches Bürgertum im Rheinland 1794–1914, Göttingen 1994.

Parent, Thomas: „Der heilige Rock zu Trier und die Lästerer desselben", zur Trier-Wallfahrt, in: 1844. Ein Jahr in seiner Zeit. Westfälisches Landesmuseum für Kunst und Kulturgeschichte, Münster 1985, S. 83–92.

Reinhardt, Rudolf: Die Kritik der Aufklärung am Wallfahrtswesen, in: Bausteine zur geschichtlichen Landeskunde von Baden-Württemberg, Stuttgart 1979, S. 319–345.

Schieder, Wolfgang: Kirche und Revolution. Sozialgeschichtliche Aspekte der Trierer Wallfahrt von 1844, in: Archiv für Sozialgeschichte 14 (1974), S. 419–454.

Schieder, Wolfgang (Hg.): Volksreligiosität in der modernen Sozialgeschichte, Göttingen 1986.

Schieder, Wolfgang (Hg.): Religion und Gesellschaft im 19. Jahrhundert, Stuttgart 1993.

Schiel, Hubert: Zur Hl. Rock-Wallfahrt im Jahre 1810, in: Vierteljahresblätter der Trierer Gesellschaft für nützliche Forschungen 5 (1959), S. 17–23.

Schneider, Bernhard: Bruderschaften im Trierer Land. Ihre Geschichte und ihr Gottesdienst zwischen Tridentium und Säkularisation, Trier 1989.

Schlögl, Rudolf: Glaube und Religion in der Säkularisierung. Die katholische Stadt – Köln, Aachen, Münster, 1740–1840, München 1995.

Sperber, Jonathan: Popular Catholicism in Nineteenth-Century Germany, Princeton 1984.

Stollenwerk, Alexander: Der Deutschkatholizismus in den Rheinlanden, Mainz 1971.

Sturm, Hans-Georg: Die Trierer Hl.-Rock-Wallfahrt von 1844, in: Die älteste Stadt Deutschlands im Spiegel ihrer Geschichte. Unterrichtsimpulse zur Geschichte Triers von der Antike bis zum Ende des 19. Jahrhunderts, Trier 1984, S. 61–70.

Thomas, Alois: Arnoldi, Wilhelm (1798–1864), in: Gatz, Erwin (Hg.): Die Bischöfe der deutschsprachigen Länder 1785/1803 bis 1945. Ein biographisches Lexikon, Berlin 1983, S. 13–15.

Weber, Christoph: Aufklärung und Orthodoxie am Mittelrhein 1820–1850, München 1973.

Zschaebitz, Gerhard: Der heilige Rock von Trier, Leipzig und Jena 1959.

Zwischen Andacht und Andenken. Ein Katalog zur Gemeinschaftsausstellung des Bischöflichen Dom- und Diözesanmuseums Trier und des Städtischen Museums Simeonstift Trier vom 16. Oktober 1992 bis 17. Januar 1993, Trier 1992.